天心月圓

從中國經典名句看人生

羅秀美——著

獻給

李瑞騰教授

《人間福報》覺涵法師

序

李瑞騰

十餘年來，讀《人間福報》是我每日的功課之一，我隨興之所至，細讀或略讀某些篇章，從動態版到靜態版，從新聞到文學，從「奇人妙事」到「縱橫古今」，從「星雲禪話」到副刊上的專欄，我靜靜賞讀，享受記／作者積字成句的篇章之美。

在「縱橫古今」版上，我總會多停留一些時間；這裡的文章皆理性小品，以文史知識為主，特別耐讀。它有點像在台灣已經消失了的早期副刊，猶有古風，成長中的孩子每天讀它，幾年下來必極富語文能力與人文素養，如有興趣剪報，可彙編成文史百科全書。

我有幸與報社諸法師結緣，負責「縱橫古今」的覺涵法師從容謙和，專業且敬業，曾囑我撰稿或推薦寫手，我原想重拾舊業，寫古詩賞讀式的短文，可惜數篇而止。三、四年前，覺涵師父另編「終身學習專刊・人文版」，我推薦中興大學中文系羅秀美老師撰寫「經典名句」專欄，她一寫一年多，得文七十餘篇，依類分卷，編成《天心月圓——從中國經典名句看人生》。我既感自己之欠缺毅力，對於秀美的努力復感欽佩，乃應允寫序以記其因緣。

秀美於國立中央大學讀中文系博士班時，從我撰寫博士論文《近代白話書寫現象研究》（二〇〇四、一）。我在上世紀八十年代中期曾努力清理晚清文學之發展，在新舊文學思想的激盪中，發現「白話」已是政治與文化的重要議題，可以說已成風潮了，因此專章處理了此課題。秀美放大並深挖，且向下探討到五四，完全銜接新文學運動，論文深具學術價值。

她其後的開展主要是向著現當代，而且也回到台灣，這距離我更近了；最近她參與我主持的《南投文學史》之撰寫，負責日治時期漢語古典詩文及戰後小說兩部分，舉重若輕，可以看出她近年來的精進狀況。我知道她在古典詩文方面曾下過工夫，稽之她當年碩論研究陶（淵明）學史，可以確信她深具古典文獻掌控能力，所以這一次看她每週一篇「經典名句」，一點也不覺其意外了。

顧名思義，這些篇章皆從古之經典找名句，錄其原文，解析其內在意涵，緊扣人生；輔以相關背景之說明，要讓讀者易於理解其來龍去脈。「華枝春滿，天心月圓」是天地自然美境，亦圓滿人生的寫照，願讀者以歡喜心讀本書，並能有所體悟。

自序

君子之交，其淡如水。
執象而求，咫尺千里。
問余何適，廓爾忘言。
華枝春滿，天心月圓。

——弘一法師

特別鍾愛弘一法師「華枝春滿，天心月圓」，因以為書名。

本書為《人間福報》「經典名句」專欄之結集，每周五見報一次，發表期間自二〇〇七年八月三日至二〇〇八年十二月二十六日為止，共計七十三週，每週一篇。集中分為六卷，分別為：「卷一、安身立命——修養與出處」；「卷二、上善若水——禍福與動靜」；「卷三、自由自在——當下與放下」；「卷四、上下求索——知識與學習」；「卷五、莫逆於心——知己與君子」；「卷六、飛鴻雪泥——生涯與境界」等六個主題。前三卷所集之篇章，大致依文脈中所呈露的儒、道、釋三家思想的比重為分卷依據；後三卷則以知識求索、知己相交、生命追尋等三大人生課題做為分卷標準。七十三週的思索與書寫，沉澱如上述六大主題。然而，忙亂的生活步調，卻使已然完結三年餘的專欄，遲至二〇一二年方得以結集面世。或許，水到渠成，自然最好。

撰寫專欄時，由於每週需定時繳稿，有時亦不免因諸事忙亂而心浮氣躁。此時，自覺寫作亦如修行般，理應不疾不徐、舒緩有致，方入妙境。於是，專欄的書寫逐漸成為生活裡必然的一項修行。如是一年半的磨練，自覺功力大增且收獲豐美，清涼滋味盡在胸中，妙不可言。

感謝恩師李瑞騰教授（台灣文學館館長兼中央大學中文系教授）——也是此專欄的策畫者，總是不吝提攜，抛出各種磨練的機會，砥礪我的心志。感謝《人間福報》覺涵法師——此專欄的編輯，總是耐心等候我遲到的稿件，以及每年固定寄送的一幅新年賀聯。感謝《人間福報》提供一塊寶貴的版面，讓筆力駑鈍的我得以暢所欲言。

感謝我任職的中興大學中文系，以其絕佳的包容力，激發我輩的無窮潛力，遂有發出光熱的機會。感謝我的家人親友，無數支持的力量是我前進的絕佳動力。最後，感謝秀威出版社的編輯姣潔小姐及相關人員的戮力付出。是為序。

羅秀美　於中興湖畔　二〇一二・一・三

卷二　上善若水——禍福與動靜

041

卷三　自由自在——當下與放下　071

卷四　上下求索——知識與學習

卷五　莫逆於心——知己與君子

卷一

安身立命——修養與出處

安身立命

尋覓安身立命之地，人人必需面對。如何安身，何以立命，恆常指向一根源性問題——我是誰、我在那個位置上安放自己。

究其源，「安身立命」是「安身」與「立命」的組合。「安身」者，居處得以容身，《呂氏春秋・有始覽》：「天下大亂，無有安國；一國盡亂，無有安家；一家皆亂，無有安身」（《呂氏春秋・士容論》也有，惟「一家皆亂」作「一家盡亂」）。「立命」者，指的是知天、事天的修身之道，《孟子・盡心》：「盡其心者，知其性也。知其性，則知天矣。存其心，養其性，所以事天也。殀壽不貳，修身以俟之，所以立命也。」

《呂氏春秋》的「安身」故事，說的是燕雀定居於某戶人家樑上，自以為安全。未料某天這戶人家突然失火，燕雀之巢跟著覆滅。它提醒我們，外境紛亂便無安定家園，自然便無得以容身之處。因此，「安身」指向現實世界的存在處境。《孟子》的「立命」，指向精神世界的飛昇問題，一個人在現實容身之處得以安適後，如果能夠懂得盡心知性以知天；存心養性以事天，對於壽夭之事便無所疑慮，只專心修養心性以待天命，便是所謂立命之道。因此，「立命」指向精神世界的安頓問題。

此後，「安身」與「立命」兩詞連用為「安身立命」，正好說明人生在世的兩大基本課題——現實居處的安定與心靈世界的安頓。生活有所著落，精神方有所寄託。必需如此調和，才能昂然俯仰天地，無愧於心。

（原載《人間福報》第十四版「終身學習專刊」，二〇〇八年六月十三日）

君子不器

「君子不器」典出《論語》，無論何時，人們都得細細思考這句話，它尤其適用於當代浮動的人情世態。

君不見，近年來社會之不景氣如嚴冬般，令人欲振乏力。特別是貧富益趨不均之下的M型發展——富者愈富、貧者愈貧的現實，更著實令人憂心。於是乎，歇業倒閉時有所聞、高學歷高失業亦成常態，直令青年學子心慌意亂、茫然無度。對此現實，未來將何以自處於滔滔滾滾的社會洪流？

是以，若能為自己多儲備幾項專長與才能，庶幾足以抵禦社會之不景氣，也就是《論語》所謂「君子不器」的道理。器者，器具也，固定的容器。真君子懂得隨圓而方、雍容以對，他們不使自己拘限於固定的框架中而不知變通。因此，時局變亂、社會動蕩，他們不致方寸大亂。於是乎，真才實學者往往不落入梧鼠技窮的境地，無論如何總有他們的一席之地。成功與否，往往只因他們洞燭機先而已。

進而言之，君子不器不僅指向培養多項專才而已，它也同時指示一種從容自信與謙虛自牧的人生態度。以此處世，往往更能遊刃有餘，不致於處處碰壁、事事不滿。君不見許多擁有高學歷的青年學子空有優異條件，仍舊無法在任一職場中安身立命，總是怨天尤人、頻頻跳槽（甚至「跳樓」）。他們往往缺少雍容自信的人生態度，對人對事往往偏執猜疑，難以跳脫僵固的單線思考模式，於是乎，容易走上絕路。就此而言，君子不器仍是極適用的智慧。

因此，君子不器所指向的人生智慧，不僅是多項才能的培養，更是隨圓而方的雍容姿態。

（原載《人間福報》第十四版「終身學習專刊」，二〇〇八年一月四日）

吾少也賤，故多能鄙事

值此開學之際，任職的大學裡有一門名為「勞作教育」的課程。每年總要對新生說幾話，孔子這兩句「吾少也賤，故多能鄙事」適時派上用場。

這兩句典出《論語‧子罕》，其義至明。由於從小家貧，使孔子得以學會各類日用事務。其微言大義是，由於年少曾低頭做事，成年立業之後，較能夠體會並珍惜得來不易的成功果實。但只是這樣還不夠的，深蘊於言外之意的是，正因為少也賤，如今人家問道於我，我的回答非但不自滿，反而「空空如此」。還能做到放空自己，表明我仍在學習當中。這樣的謙抑自持，才是「吾少也賤，故多能鄙事」的真義。

於是，當我們這群大一的天之驕子開始進行勞作教育時，除了以「吾少也賤，故多能鄙事」勉勵之，還想告訴他們，其實要學的事可真多。比如：在灑掃應對進退中體會人生。或者是「人要學點頭、低頭」，而非強出頭。又或是莊子說的，「道」無所不在，不僅「在螻蟻」、「在稊稗」，更等而下之的是「在屎溺」。再不然，樹下勞動，或許可以如佛陀或牛頓之頓悟真理，亦未可知。凡此種種，皆可見勞作教育於吾人之益處實不可勝數。

是以，正因「吾少也賤」，才有「多能鄙事」的磨練機會。因此，面對厄運，我們得學會感恩，才能幸福（幸者，祈望也）。

（原載《人間福報》第十四版「終身學習專刊」，二〇〇八年九月十九日）

不遷怒，不貳過

重新閱讀《論語》這部古老的智慧經典時，仍不免低迴。《論語．雍也》篇所揭示的真理：「不遷怒，不貳過。」更是啟人深思。

「不遷怒」指的是情緒管理的藝術，乃「待人」的功夫；「不貳過」指的是自我管理的課題，乃「克己」的功夫。兩者皆建立在深刻的「自覺」上頭，以其能夠自我覺知，方有體察當下行止幾微處的可能。是以，「不遷怒，不貳過」，看似簡單，實則難矣。

凡人對於「不遷怒」這門情緒管理的藝術，大多疏於細察，一旦人事不遂，易為情緒所拘執，任其肆意泛流，進而隨意波及無辜，無端釀造誤會與糾葛。可見，「不遷怒」的功夫，正是一門亟急修習的情緒管理學分。而錘煉心性的要領，即用心收束脾氣、仔細疊妥情緒，方能照顧別人的感受、體貼他人的心情。

此外，「不貳過」這門自我管理的功課，亦值得我們終生學習之。「不貳過」就是克己、節制與約束的功夫，常言道最大的敵人不是別人而是自己，其道理即在此。凡人總難免犯錯，但仍必需懂得「不被同一顆石子絆倒兩次」的珍貴，才能真正學會這門克己的功夫。「不貳過」便因此呈現人性之美。

是以，「不遷怒」為的是照顧他人的心情；而「不貳過」的終極關懷，亦復如是。

（原載《人間福報》第十四版「終身學習專刊」，二〇〇七年九月十四日）

過則勿憚改

「過則勿憚改」，意謂人生難免有過錯，重點是不要害怕改過。真正可貴的品質是能夠由過錯中吸取教訓，轉成進步的動力。

一次又一次變得更好，正是「過則勿憚改」的精髓所在。《論語・學而》篇裡，子曰：「君子不重則不威，學則不固。主忠信；無友不如己者；過則勿憚改。」《論語・子罕》篇裡，子曰：「主忠信，毋友不如己者，過則勿憚改。」在這兩個文本裡，皆強調君子的重要品質：主忠信、無（毋）友不如己者，過則勿憚改等道理。君子不僅以忠誠信用為主要人格品質，更重要的是，每位朋友都有值得我們學習的地方，特別是人難免犯錯，有過不可怕，怕的是不肯發心改過。而這一切美好的品質都得來自於穩重的人格特質，正所謂「君子不重則不威，學則不固」。

是以，穩重的人格特質也包含沉潛內斂的表現，唯其懂得潛藏，才能深自涵泳、細細品味。因此，特別容易向內照見自己的不足之處，對於自己的過錯才有深刻洞見的可能性。既洞見自我的不足與過錯，方有修正與進步的曙光呈現。因此，「過則勿憚改」的後面需要的是一份真切的勇氣——勇於面對自我最脆弱的一面。

（原載《人間福報》第十四版「終身學習專刊」，二〇〇八年十月三十一日）

飲食男女，人之大欲存焉

《禮記・禮運》說道：「飲食男女，人之大欲存焉；死亡貧苦，人之大惡存焉。故欲、惡者，心之大端也。」

人生天地間，唯賴一息以存焉。而生存的關鍵則仰賴飲食、男女，前者使一己之生命得以存活，後者使天地之生命得以延續。相對地，死亡、貧苦皆為生命之惡，是人人避之惟恐不及之事。是以，人們喜愛追求飲食享受與男女之愛，並且逃避死亡與貧苦，這是根本的心理現象。

是以，面對生命的根本生存問題，先秦智者已有如是寶貴的見解。生命的存活需仰賴最基本的飲食與男女之事，方得以延續。此一基本需求被滿足後，人們方有餘裕從事更高層次的追求——安全的、被接納的、自尊的、自我實現等各項需求。

這是馬斯洛（Abraham Maslow）需求層次論裡的說法。無疑地，飲食與男女即為人類從事其他更高層次的精神生活的基礎。

相對地，死亡與貧苦，往往為人類所亟欲規避。尤其在生命的大悲大痛之際，人們一心一意想要逃脫死亡的召喚與貧窮的陰影。於是，四川震災裡極欲逃離煉獄的人瘋狂強奪他人得來不易的機票，緬甸風災裡深恐流離困頓的軍政府掠奪國際間救援的物資，為的只是遠離死亡與貧苦的威脅。

因此，無論「欲」、「惡」，都是人們心理狀態的直接表現。然而，人們在「欲」與「惡」的面前，可能將私心深藏，也可能傷害他人，因此往往需要「禮」——教育文化，加以對治。惟其如此，當人們面對人之大欲與大惡來襲時，方有合理（禮）面對的可能。這也是至今仍十分合用的智慧。

（原載《人間福報》第十四版「終身學習專刊」，二〇〇八年五月十九日）

君子遠庖廚

「君子遠庖廚」，常人經常以此言戲稱男子不宜進廚房云云，年深月久，乃以訛傳訛。其實它來自《孟子．梁惠王》篇裡，孟子對梁惠王的一席話：「君子之於禽獸也，見其生，不忍見其死；聞其聲，不忍食其肉。是以『君子遠庖廚』也。」

由此可知，孟子此言乃是以儒家仁愛精神為根本而發的。面對梁惠王的急功進利，孟子總是循循善誘，充分發揮他智者的本色。孟子認為君子面對禽獸時的態度，依然秉持仁民愛物之心，因此血腥暴力的畫面與聲音，都是君子儘可能要避免的。所以才說「君子遠庖廚」。

再者，先秦時代的廚房與今日大不相同。試想，在如斯遠古的從前，不僅缺乏精密的宰殺器械，更沒有如今得以保鮮的冰箱，在在使得食物的製作過程，以原始的血腥與暴力呈現。因此，《莊子》有「庖丁解牛」的故事，肢解牲畜之情狀顯然十分普遍。而今日光鮮的廚房裡，顯然少了許多血腥與暴力的畫面。是以，君子實在不必非得遠庖廚不可。

反觀近現代以後，人類社會走向工商業時代，職業的分化也逐漸定型。這使得主中饋一事不再僅限於女性；更甚者，女性揮灑鍋鏟之地多半僅限自家廚房，而男性所擁有的廚房卻遠比家中女性的大得多，他們大多以「大廚」的身分廁身於各大餐館、飯店的大廚房裡。社會分工明細之後，男性不但不再遠庖廚，反而更悠然自得於廚房天地裡。

是以，新世代的君子不但不必遠庖廚，反而怡然自得，廚房可也是熠熠生輝的人生舞台。

（原載《人間福報》第十四版「終身學習專刊」，二〇〇八年五月二日）

天生我材必有用

「天生我材必有用」這耳熟能詳的句子，來自李白〈將進酒〉：「人生得意須盡歡，莫使金樽空對月，天生我材必有用，千金散盡還復來，烹羊宰牛且為樂，會須一飲三百杯。」可見其痛飲高歌的瀟灑。尤其詩中「天生我材必有用，千金散盡還復來」兩句特別令人警醒，指的是上天賦予我的才能，此生必有發揮的餘地，即使散去千金，還是會重新得到的。

李白天生無窮的想像力與縱橫變化的創作力，形塑他獨有的飄逸與雄奇之姿。儘管仕途履遭挫敗，然而詩仙筆下的自己仍是意氣昂揚的一派瀟脫勁兒。他對自己時刻充滿信心，並不隨意悲嘆；反而烹羊宰牛痛飲酒，慷慨高歌天生我材必有用。千金之匱乏，反而造就他瀟灑的人生。這也是他高出於許多困窮於世/仕途的讀書人之處。

是以，李白所提示的正是金錢之於人生的比重問題。誠然，有錢並非萬能，但沒錢卻萬萬不能。生活有其現實面，金錢正是生存的必需品；然而人生行至終點，再多的珠寶金銀也無法一同帶走。於是，面對這種人生的有限性，懂得思考的人對於金錢的追求是有限度的，他們注重的往往是心靈層面的價值問題。一個人的成功並不以財富多寡為判準，而是人格的寬度與思想的深度。

因此，能擺脫金錢束縛，才有活得瀟灑的可能。

（原載《人間福報》第十四版「終身學習專刊」，二〇〇七年十一月二日）

心寬體胖

心寬體胖，亦作心寬體肥。此四字幾乎已成為彌勒佛的最佳註腳。乍見此一家常普遍擺飾的神像（通常木雕居多），總令人心境開朗，不免也隨之微笑。原來，無憂無慮，笑顏常開，身形自然容易豐腴，並且惹人歡喜。

此一極平常的成語，最早出於《禮記・大學》：「富潤屋，德潤身，心廣體胖，故君子必誠其意。」其中，「心廣體胖」一句，日後多以「心寬體胖」面世居多。《兒女英雄傳》第四十回即曾如此引用：「一痛快，不覺收了眼淚，嗤的一笑，立刻頭就不暈了，心寬體胖，週身的衣裳也合了折兒了。」淺白易懂的文句，反倒能直陳心寬體胖的真義。原來，一旦神清氣爽，不煩不憂，身體自然舒適起來，也就不致於病懨懨而衣帶漸寬了。

是以彌勒佛的形象，呈現的是胖大寬闊的身軀與瞇眼含笑的神情，一派從容自在，正顯示「大肚能容天下事」的無限寬容。但凡有事，即化為小事，頓時便也無事。心中無事，自然地吃吃睡睡，一夜好眠、神氣要不清爽也難。時日一久，身心和諧便顯圓潤可喜，並非必得臻於肥胖之境不可。一旦遇事，心寬體胖者大多較能一笑置之，反之者則多半憂心縈懷，更甚者乃至於形銷骨立。因此，《紅樓夢》兩位女角，寶釵之圓潤比之黛玉之清瘦，更能討喜於眾人。心寬與否往往能由身形容止得知大要，這便是最好的例子了。

因此，聖人君子多半肚裡能撐船，凡事開懷以對。如此浩大的胸襟，竟得以容納一只船，「心寬體胖」的內涵更應該由此深思才是。

（原載《人間福報》第十四版「終身學習專刊」，二〇〇八年一月十八日）

難得糊塗

鄭板橋嘗自言道「聰明難、糊塗難，由聰明而入糊塗更難」之語。「難得糊塗」因之成為後人經常引用的人生警語。

一生清白的鄭板橋，詩文書畫樣樣精通，成就不凡。然做為傳統士大夫群體中的一員，仍舊不免橫遭牽連，因之發出「難得糊塗」之言。聰明固然使鄭板橋得以順利的攀過一座座人生的峰頭，但也因此「鋒頭」而橫遭困頓，進而瀟灑去仕，以「難得糊塗」一語為其官場人生留下註腳。

由板橋對官場人生的註腳出發，我們不免要聯想到蘇東坡。這位歷史上享有盛名的文人，一生九次遭貶，不斷地趕赴大江南北的遷謫之地，顛沛必於是，造次必於是，終究使東坡也不免要發出「人皆養子望聰明，我被聰明誤一生。」的浩嘆。

如此「貶抑」聰明的好處，可見東坡已然通透人生的況味，原來難得糊塗的人生恐怕也是一種高妙的生存美學。

是以，遭遇困頓是人生常態，我們需要的只是「轉念」的工夫。轉念之「轉」指的是逆向思考的能力。而逆向思考的驅動力更來自於「想要幸福快樂」的念頭，因此當我們有能力確定自己要的是幸福快樂—和諧的關係，便能快速的確定自己不想要的是什麼——困頓、磨難與憂傷等等，於是理性世界裡的諸般對錯問題便能在轉念之間化於無形。這其中的關鍵，同樣來自於「難得糊塗」的可貴精神。

因此，難得糊塗不僅可施於官場、職場，在人際場域裡也是如此。情人之間能夠適時適度的難得糊塗，亦大多能夠安然樂處，可見糊塗之重要。

（原載《人間福報》第十四版「終身學習專刊」，二〇〇八年十月二十四日）

卷二

上善若水——禍福與動靜

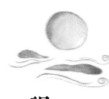

禍兮福之所倚，福兮禍之所伏

禍與福，看似相反，實則相成。在二元對立的表相之下，蘊藏著許多智慧。因此，我們常說「禍福相倚」或「禍福倚伏」。

這樣的智慧源頭，得向上追溯至《老子》第五十八章的警語：「禍兮福之所倚，福兮禍之所伏」。倚者，倚靠也；伏者，隱藏也。禍與福常相因相成，禍中有福，福中有禍。壞事往往可以引出好的結果，而好事也能夠引出壞的結果。關於前者，我們以「塞翁失馬，焉知非福」提示柳暗花明的可信；關於後者，我們則以「樂極生悲」諄諄告誡縱樂忘形的傷害。

是以，禍福的智慧從來不曾絕跡於聖賢文本中，賈誼〈鵩鳥賦〉即如實再現它：「禍兮福所倚，福兮禍所伏，憂喜聚門兮，吉凶同域。」是的，「憂喜聚門」、「吉凶同域」啊。原來，憂、喜與吉、凶，從來都是雙生共存、一體兩面的。「禍」一旦轉身，即是「福」；反之亦然。

因此，我們無法斷然論定一時失學、失業或失婚，必然即山窮水盡。殊不知、一個轉身即可能觸及幸福的契機。同樣地，我們也難以確定今日的狀元，將來的人生境遇必與當年的高分成正比。殊不知、幸福快樂沒有永久保證書，艱難的試煉往往正等待著幸福的你、勇敢迎上前去。

（原載《人間福報》第十四版「終身學習專刊」，二〇〇七年八月二十四日）

潛龍勿用・飛龍在天・亢龍有悔

人生如翹翹板，不會永遠處於高處。總是上上下下、不高不低的時候居多。《周易・乾卦》卦辭即如是說道：「初九，潛龍勿用。九二，見龍在田，利見大人。九三，君子終日乾乾，夕惕若，厲無咎。九四，或躍在淵，無咎。九五，飛龍在天，利見大人。上九，亢龍有悔。」其中，又以潛龍勿用、飛龍在天、亢龍有悔等句最為後人所習用。

潛龍勿用，指的是蛟龍隱藏蟄伏、不為世人所知；其後多譬喻賢才遭到埋沒，不被重用的狀態。飛龍在天，指的是帝王在位；其後多借指飛黃騰達的人生境遇。亢龍有悔，指的是龍處於至高極尊之位，應以高亢、盈滿為戒，否則將有敗亡之虞；其後亦譬喻高處不勝寒的人生處境，隨時可能再度龍困淺灘。因此，《周易・

乾卦》象傳也說道：「潛龍勿用，陽在下也。見龍在田，德施普也。終日乾乾，反復道也。或躍在淵，進無咎也。飛龍在天，大人造也。亢龍有悔，盈不可久也。」幾句簡單的言辭，已足以道盡諸般人生況味。

潛龍勿用是一種蓄勢待發的蟄伏隱藏，因此多半曖曖內含光，沉潛以待，所以象傳說「陽在下也」。因此，飛龍在天告誡人們的是，個人的成就務需仰賴眾人的牽成，因此無論「利見大人」或「大人造也」，指的都是對他人的感恩。是以，一旦登躋高位或一舉成名天下知，人們往往容易得意忘形、甚且樂極生悲，也就是象傳所說的「盈不可久也」之意。無法持盈保泰，幾乎是飛黃騰黃之後的必然走向。

因此，《周易》乾卦揭示的正是極寶貴的人生智慧，一旦飛龍在天，如何避免亢龍有悔，其中關鍵便在於「君子終日乾乾，夕惕若，厲無咎」一般中正平和的心境與態度。惟其如此，乃能謙下、方能穩健。飛龍在天之後的人生路仍十分長遠，最宜細水長流、慢火微燉的經之營之，以避免暴起暴落，才是王道。

（原載《人間福報》第十四版「終身學習專刊」，二〇〇八年九月十二日）

五色令人目盲，五音令人耳聾

「五色令人目盲，五音令人耳聾」乃出自《老子》的智慧。五色與五音指陳的是過多的感官刺激，容易傷身更擾亂人心，使人們失去真正的感覺。

原文如是說道：「五色令人目盲；五音令人耳聾；五味令人口爽；馳騁畋獵，令人心發狂；難得之貨，令人行妨。是以聖人為腹不為目，故去彼取此。」（《老子》第十二章）不只五色、五音令人目盲、耳聾，五味也一樣令人口爽。爽者，失也。過度的美食饗宴，往往令人失去真正的「品」味。同樣地，能夠輕易獵取瀕臨絕種的動物，抑或高價購得全球限量的名牌精品，不僅令人心發狂，更擾亂人們清淡的生活。因此，聖人君子大多以滿足基本生活所需為主，不會過份追求聲色娛樂以刺激感官欲望。

由此可知，過度的享樂與追求，容易使人心迷亂，惶惶不知所終。但凡人性總是由儉入奢易，由奢返儉難；一旦瞬間暴富，便覺一山還有一山高，要想重返清貧生活，簡直難如登天。於是，愈多財富便愈想追求更多，人性常是無法滿足於現狀的，如此循環不已的追求下去，往往離簡單平淡的樂活境界愈來愈遠，終至身心俱疲、不知所以然。如此一來，人的主體反為外境所操控，成為聲色感官的奴隸而不自知。

是以，五色五音五味的享樂，是人性之趨向；然而，過度的感官刺激，卻足以傾毀純淨的身心靈。

（原載《人間福報》第十四版「終身學習專刊」，二〇〇八年一月十一日）

上善若水

水的千姿百態，充滿各種可能。以其沛然莫之能禦的力量，使人驚懼；復以其隨圓就方的柔軟身段，使人折服。

關於水與人生的課題，《老子》曾經如此提示：「上善若水，水善利萬物而不爭，處眾人之所惡……夫唯不爭，故無尤。」最高的善就像水一樣，水善於幫助萬物，而不與萬物相爭，停留在眾人最不喜歡的地方。正因為不爭，所以不犯過失、不招怨尤。

水的偉大，正在於「不爭」。而不爭表現於謙卑的姿態，總不欲展露鋒芒，自願處於眾人不願屈就之處。曖曖內含光的沉潛著，反而益發彰顯其高貴人格。是以，存心如水——淵深則明，可見其細膩深刻的蘊藉之美；交友如水——君子之交其淡如水，最見其細水長流的相忘之美；而處世如水——隨圓就圓、隨方就方，更見其隨和而不固執的灑落之美。

於是，可以想見，真正大智慧者，總親身演示「上善若水」的真理。面對僅餘的一顆糖果，有人嘆道「只剩一顆」；有人則慶幸「還有一顆」；走路被絆倒，有人怒罵「該死的馬路」，有人則看見地上美好的小花而驚嘆「好美」。可見，若水之隨和者，可當下化逆境為樂土。

是以，上善若水，以其不爭而成其大。

（原載《人間福報》第十四版「終身學習專刊」，二〇〇七年八月三十一日）

無為而治

「無為而治」是管理的最高境界。孔子說：「無為而治者，其舜也與！夫何為哉？恭己，正南面而已矣！」（《論語．衛靈公》）上古的舜採行無為而治的方式治理天下，卻使天下各得其所，他的訣竅正是「無為而治」。

舜只是恭恭敬敬的安坐向南而已。他所塑立的榜樣——修己，使他無須費力便能輕鬆擁有天下。是以，無為而治的關鍵在於「典範」二字。要使管理成功，在上位者必備的工夫便只是塑立典範——管理好自己便可以了。因此，當為人父母煩惱孩子不好好讀書時，總是怨嘆自己為子女所耗費的金錢與精力，卻往往忘了「自己也沒有讀書」的習慣，才是問題所在。當自己沉浸於書香中，孩子自然也能見賢思齊。正所謂身教大於言教，簡直不費吹灰之力便能教養成功。

因此，管理不難，難在我們常忘了修己，卻總想著如何立人。修己便是無為而治的秘密所在。是以，無為絕非完全無所作為之意，而是不刻意、不做作，只是自自然然的以我自己做為典範，讓在下者直接照見我的形象。此不言自明的管理方式，便使得管理成為一種簡單易行的學問。

於是，懂得修己便能立人，能夠立人才能輕鬆管理，進而達到無為而治的境界。

（原載《人間福報》第十四版「終身學習專刊」，二〇〇八年三月十四日）

物極必反

物極必反，乃宇宙的自然定律。一旦事物走到頂點時，就會往反面發展。舊事物已消亡，新的即將出現。因此，若問人生究竟能有多苦，它的答案顯而易見——物極必反。

「物極必反」典出《易經》。它與「否極泰來」、「剝極必復」的意義相似。所謂「《易》，窮則變，變則通，通則久。」（《周易・繫辭下傳》）是也。「窮」指的是事物發展到極限，一旦行到水窮處，事情多半會有轉變，通常會往反方向發展，這便是事物恆常不變的道理。

無論物極必反、否極泰來或是剝極必復，它們所寓示的人生道理皆極為簡單。看似處處講求二元對立的《易經》哲學，其實最為融通。二元價值在《易經》是相對而非絕對的，且看太極圖中兩尾魚，一黑一白且首尾相連，便可見分曉。照見此圖，方生方死、方死方生的道理盡在其中。因此，有死亡也有新生，死生並無二致，生命其實便是鮮活如斯的循環發展。於是，明瞭乎此，便能看清物極必反的意義。

是以，人生究竟能有多苦，當我們面對人生種種困難與挫敗時，不禁如斯叩問。身陷苦難時，我們往往短視了人生的長度，誤以為痛苦永遠不會遠離。然而，只有真正經過苦難淬練而出的人生，才能展現最堅韌的生命力。因此，物極必反之時，方能充份體味否極泰來的甜美。

（原載《人間福報》第十四版「終身學習專刊」，二〇〇八年三月二十一日）

柔弱勝剛強

貌似柔弱的女子與狀似剛強的男子，何者更能面對生命橫逆？《老子》給我們的卻是「柔弱勝剛強」（《老子》三十六章）這一看似弔詭的答案。

柔弱何以勝於剛強？《老子》繼續闡明：「強大處下，柔弱處上」（《老子》七十六章）、「天下莫柔弱於水，而攻堅強者莫之能勝，以其無以易之。弱之勝強，柔之勝剛，天下莫不知、莫能行。」（《老子》七十八章）這些篇章反覆訴說的是同一道理——最柔弱的往往也最剛強；而剛強的關鍵並非取決於一時的表面的勝利，而是「續航力」。因為柔弱似水，所以柔軟而圓融；因為剛強似鐵，所以難以彎折或轉圜。因此，想要贏，就要先學會輸。其道理便在於柔軟的身段，容易進退有據，不疾不徐，自然能夠長治久安。

最鮮明的例子，往往出現在我們生活周遭的母親們。她們多半出身不高，但極有智慧；賺食的能力或許不強，但很能堅持。她們很少抱怨生活的艱辛，因為十分忙碌之故，她們恆常以沉默的姿態呈現在許多家庭裡。特別在男主人失業的家庭裡，身形柔軟的女人們，往往能在另一半的滿腹牢騷中殺出重圍，整建家庭，展現極強的韌性。因此，貌似柔弱的女子往往能夠在最困難的時候成為一家之柱，其奧妙處便是「柔弱勝剛強」五字而已。

是以，人生的勝場，取決於長長久久的續航力，而非一時的意氣風發，所謂「強大處下，柔弱處上」是也。

（原載《人間福報》第十四版「終身學習專刊」，二〇〇八年四月四日）

無用之用

無用之用，是謂大用。何以言「無用」之妙處？世人皆曰要做個「有用」之人，可見「無用」之人，似乎不受主流價值認同。

「無用」的人格美學，早已體現於莊子其人身上了。有人擬邀請他出仕，不但拒不受祿，更強調自己的無用；寧可學做自在野放的雞隻，亦不願成為籠中鳥。因此，《莊子・人間世》如是說道：「桂可食，故伐之；漆可用，故割之。人皆知有用之用，而莫知無用之用也。」

莊子的意思是桂樹可食、漆樹可用，所以難逃於被人宰割的命運。反觀無用之樹，則得以完好存活。是以，莊子有感而發，世人只知有用的用處，卻全然不能理解無用的用處何在。其實，無用之用，才是真正的大用。

無用之人，看似效率不彰，成就不高；然而，他擁有最多的自在與滿足。是以，他往往能在大環境的風暴與浪濤中，得以全身而退。反觀真正有用之人，總是人前人後衝鋒陷陣，惟恐他人不知自己的豐功偉業。於是乎，其聰明英勇的形象，也不免常有「成也蕭何、敗也蕭何」的困頓之感。因此，有用之用，反而成為枉送自己的斷頭利器呢！

因此，無用之用，是謂大用。誠哉斯言。

（原載《人間福報》第十四版「終身學習專刊」，二〇〇八年五月九日）

遊刃有餘

「遊刃有餘」典出《莊子・養生主》「庖丁解牛」的故事。善於解牛的庖丁有一把使用十九年餘仍「新發於硎（磨刀石）」的屠刀，刀刃鋒利依舊，並且「遊刃有餘」。其秘訣便在於庖丁解牛不以目視，而以神遇；是以「目無全牛」之際，仍能俐落解牛，並使牛體不感痛楚。

《莊子》這則庖丁解牛的故事所寓示的義理，在於「精神」二字。庖丁解牛初時處處碰「壁」，刀刃亦缺損累累。猶如初入社會的新鮮人橫衝直撞，不旦元氣大傷並且傷痕斑斑。及至庖丁解牛的第二階段，逐漸摸索出牛體的筋絡理路時，下刀之時方才稍有餘裕，刀刃亦較少磨損。猶如稍有經驗的新鮮人在已逐漸懂得某些社會規範之後，更能夠知道兼善獨善之間的進退智慧，累累傷痕因之逐漸結痂乃至形成厚實的刻痕。待至第三階段，庖丁解牛已十數年，已熟知牛體結構與血脈運行的道理，甚至不需目視全牛，直接「神遇」之，便可將牛體砉然委地，不但牛隻不感疼痛，甚至「遊刃有餘」，刀刃在牛體的筋骨血脈之間穿行，不僅悠然自得，甚至寬裕得猶如原本即有如是間隙可供穿行似的。此正如已嫻於社會運作的成年人，不僅知所分寸，且進退得宜，更能悠然自守，不易為外境擾攘所困擾，甚且可自由自在的微笑以對，不惟不凝滯於物亦且超然物外。

是以，遊刃有餘的智慧，原是指刀刃遊動於筋骨之血脈間似有餘地之意，衍伸其義即指陳一種消遙遊的人生境界——不凝滯於物，且超然物外，進而悠然自在、無所憂懼。

（原載《人間福報》第十四版「終身學習專刊」，二〇〇八年二月一日）

塞翁失馬，焉知非福

得失之間，往往難以算計，需有超越時間與空間的能耐，始能穿透它的奧祕。因此我們常說：「塞翁失馬，焉知非福。」（《淮南子．人間訓》）

這個流傳久遠的故事所透顯的人生智慧正是「福禍相倚」的道理。不以福為喜，不以禍為憂。重要的是調整自己的心態，以迎接每個當下的可能變化。就像故事中的老翁，雖丟失了一匹好馬，也不以為憂；隔年不僅失而復得，竟多了一匹小馬，老翁仍不喜形於色。待小馬漸漸長大，老翁之子卻從馬背上摔下，跌斷了腿骨，老翁十分平靜的面對兒子的瘸腿；其後塞外戰事，需徵召男丁入伍，老翁之子由於殘廢之故，乃倖免於為國捐軀的可能。如此說來，是福是禍，果然難以當下論定。

是以，塞翁失馬的智慧，是要我們超越時間與空間去觀察問題，不急於馬上立定論，也能平靜接受「拖延」的好處。如此一來，無論福事變禍事，或是禍事變福事，都有足夠的時間舒緩我們的承受能力。

因此，真正大智慧的人，能夠收藏好自己的情緒，成功喜樂或失敗哀傷時，皆能平靜以對、平常如是。因為他們知道，當下的福禍有一定的保存期限，它並非永久如此的。當時空流轉之後，往往有可能顯露相反的結果。於是，福禍難料、有一好必有一壞的人生智慧，便如是相倚相伏。

（原載《人間福報》第十四版「終身學習專刊」，二〇〇七年九月二十八日）

高處不勝寒

「高處不勝寒」，典出東坡〈水調歌頭〉：「我欲乘風歸去，惟恐瓊樓玉宇，高處不勝寒。」原指賞月時的心境，想學嫦娥奔月而去；但極欲瀟灑的同時，也立即體認到「高處不勝寒」的道理。

高處不勝寒，與《周易・乾卦》卦辭所謂「亢龍有悔」接近。易經的智慧以「相對論」見長，有得必有失，有榮必有辱。因此，它往往也警戒人們，高處不勝寒、得意不忘形的道理。榮耀僅是一時的光芒，要緊的往往是榮耀之後的姿態。既上得了山巔，必有下山之時。因此，處於至尊之位、獲取至高榮耀者，尤應戒慎恐懼。

至少無須志得意滿，往往自以為睥睨群雄、顧盼自得之際，便是敗亡的開始。此中關鍵在於，個人的成功，往往並非個人之力即能完成，必然由於天時、地利、人和等各項因素的水到渠成，方能成就個人的美名。是以，初登大位者，往往基於感恩而必需適度的酬謝有功者；各行各業榮獲冠軍的選手或人才，往往極謙虛的致上對家人朋友師長的感謝辭；有幸完成堂堂鉅著得以順利出書者，也總是將扉頁的感謝辭留給親愛的友朋家人們。此所以懂得放低姿態者，方得以長治久安、細水長流，穩當前行而不致覆滅。

因此，高處不勝寒，無非告誡人們登高必自卑的道理，特別是登峰造極時的姿態，尤應謙沖自牧。

（原載《人間福報》第十四版「終身學習專刊」，二〇〇八年十一月二十一日）

著意栽花花不發，等閒插柳柳成蔭

成事與否，往往與刻意的謀畫無甚關聯，尤其是個人的命運關涉天意之時的無奈。因此，人們不免要感嘆「著意栽花花不發，等閒插柳柳成蔭。」出自關漢卿雜劇《包待制智斬魯齋郎》第二折的經典名句，人們常以「有心栽花花不開，無心插柳柳成蔭」記憶之、傳誦之。

「有心栽花」是刻意造作的過程，「無心插柳」乃自然隨緣的結果。巧妙的是，有心栽植花總不開，無心插柳反而綠蔭逼人，其中所呈顯的奧妙正在於「有心」、「無心」之別。所謂有、無，指的是人為刻意的程度，並非一般意義之下的有無。是以，「有心」常指向超乎自然的強求，「無心」則常指向隨緣自在的遇合。

許多文學不斷傳衍著這樣的智慧，《紅樓夢》的一場繁華終需落盡，它指點人們的迷津正是：命裡有時終需有，命裡無時莫強求。緣來緣去，正是人間世的現實。更多的故事裡，亦經常提醒人們關於緣起緣滅的真理，處心積慮的算計人間利害，到得頭來往往敗給無心於此的競爭者；人們於是怨懟與不平，感嘆世道不公。然而，其中奧祕只是「有心」與「無心」之別罷了。

是以，《老子》不斷指示人們柔弱勝剛強的道理，最有力量的人往往是最溫柔而堅定的。於是，在時運之前示弱，並非真軟弱，反而是高貴的謙卑。卑以自牧，乃得以成就。

（原載《人間福報》第十四版「終身學習專刊」，二〇〇七年十二月二十一日）

路不轉人轉，人不轉心轉

煩惱一起，如野火燎原，一發不可收拾。俗語說：「山不轉路轉，路不轉人轉，人不轉心轉。」外境不轉時，心念一轉，便豁然開朗。

煩惱不斷，正是人生的真實。正由於它一直一直來到面前，所以修行乃必需是一生的功課。去除煩惱纏縛、愛怨嗔癡，需要的是反覆反覆再反覆的持續練習，無法一蹴可幾，不能一夕速成。往往當你以為自己已練就銅牆鐵壁、金剛不壞之身時，突然一個大浪打來，你頓時踉蹌、跌地不起。此時，煩惱竟又如野火焚身、禁絕不止，於是你的練習又得重新開始，提起清涼法水澆灌周身，才有再從容面對的可能。

是以，殊為不易。然而，通過一次又一次的反覆練習，終將能夠逐漸平靜以對。心緒波動的週期拉長了，平復的時間也變短了，這便是莫大的進步。然後，你發現自己學會操控情緒、對治情緒，而非為情緒所困縛。因此，當你發現山不轉、路不轉，甚至於人也不轉時，所有外境與人事皆與你做對，你的心卻是柔軟的，可以任由你操控的。一旦心念會轉，再窒礙難通的困境也可以一笑置之，彈指間便煙消雲散矣。

因此，請經常記得：「山不轉路轉，路不轉人轉，人不轉心轉。」心念一轉，自在消遙。

（原載《人間福報》第十四版「終身學習專刊」，二〇〇八年三月七日）

一動不如一靜

一動不如一靜，即多一事不如少一事之意。一般多用以勸人行事宜謹慎小心，以靜制動最佳，以免橫生枝節。

典出宋．張端義《貴耳集》。話說南宋孝宗遊幸杭州靈隱寺時，僧淨輝相隨，寺前有一飛來峰，孝宗乃問淨輝：「既是飛來，如何不飛去？」，淨輝隨即答道：「一動不如一靜。」淨輝此言不僅妙答，亦透顯人生機鋒。一般多以為既飛來，必得飛去，此人情之常。然而，真正通透人生滋味者，卻曉得「不必然」的道理——諸事皆無必然如此之理。即使必然變動如何，亦未見得較未變動之前更佳。因此，後來多引伸說明行事宜謹小慎微、謀定而後動之意，並特別著重「以靜制動」的「不動」智慧。

明代《警世通言．宋小官團圓破氈笠》裡頭也引用此成語：「況且下水順風，相去已百里之遙，一動不如一靜，勸你息了心罷！」，清代《紅樓夢》第五十七回也有：「紫鵑停了半晌，自言自語的說道：『一動不如一靜，我們這裡就算好人家。』」，可見「一動不如一靜」誠為行事最佳準則，尤其是情勢變化難以掌握之時。因為無法確知冒然一試所需面對的凶險，倒不如靜觀其變，或者一旦奇峰突起便漸入坦途，也未可知。

是以，一動不如一靜，不僅是以靜制動，也是以不變應萬變之理。有時，它確實較躁動冒進更能成事。

（原載《人間福報》第十四版「終身學習專刊」，二〇〇八年七月十一日）

卷三

自由自在——當下與放下

一切有為法，如夢幻泡影

人生的苦很多，如何破解「苦」字，是一生修習不斷的功課。解離苦痛看似艱難，其實只是心境的轉變。

外境不轉，心境轉。轉的關鍵是「無常」兩字。人世唯一不變的真理，便是所有事情都會變。然而，深陷痛苦的我們往往侷限在自己的思維框限中，誤以為所有的人事都是固定且恆久不變的。這類無明／知的狀態，容易成為思考的慣性，使我們深陷痛苦的深淵猶不自覺。落入刻意有為的造作中，常是我們恆常痛苦的主因。

其實，真實的人事是會變遷的，因為我們活在時間裡。逝者如斯，每一分秒都與上一分秒有所不同；時間會帶來改變，任何人為造作與執取因此顯得虛妄。《金剛經》便說道：「一切有為法，如夢幻泡影，如露亦如電，應作如是觀。」

如夢幻泡影，如露亦如電，正說明有為法的虛妄性。因此，深陷苦痛時，我們需要的是看破的智慧。看破喜愛的人事物，終將走向衰敗與毀滅的路途；而這一天的到來，早晚而已。五年或五十年的美好，相較於浩瀚時空，僅只一瞬。於是，我們知道所有人事物終必走向壞滅，便能了悟執取的苦痛從何而來、將去何處。

是以，理解變的道理，執取可以破除，痛苦可以解離。只因一切有為法，終將徒勞。

（原載《人間福報》第十四版「終身學習專刊」，二〇〇八年二月二十九日）

步步生蓮花，蓮花步步生

「步步生蓮花，蓮花步步生」，一念此句，眼前立時浮現清涼而美好的畫面。

「步步生蓮花」典出《佛本行集經・樹下誕生品》，記載佛祖釋迦牟尼在藍毗尼園「生已，無人扶持，即行四方，面各七步，步步舉足，出大蓮花」。由於佛祖初生時面向八方踩在地上的最初七步，步步舉足皆生起一朵蓮花，所以有佛祖「步步生蓮花」之說。於是後來蓮花與佛教密不可分，佛祖和菩薩的蓮花寶座也由此而來。據說佛祖走完七步便觀視四方，眼睛連眨都沒有眨一下，便說：「我於世間最為殊勝，從今日起，我不再輪迴」，是以「步步生蓮花」也有功德圓滿之意，有時也作「蓮花步步生」。另一說源於佛經中鹿女每步都留下蓮花步跡的故事（典出《雜寶藏經．鹿女夫人緣》）。

是以，步步生蓮花的畫面，令人心頓起清涼；不只佛祖，任何有心向佛的凡夫俗子一旦靜定觀想，也能使座下生起蓮花。是以，人人皆有蓮花步步生——立地成佛的可能，至此乃可以功德圓滿。元．岳伯川《鐵拐李》第二折如此說道：「人道公門不可入，我道公門好修行，若將曲直無顛倒，腳底蓮花步步生。」亦為一功德圓滿的境界。

因此，人人心中都有一朵蓮花。步步生蓮花，乃華枝春滿。

（原載《人間福報》第十四版「終身學習專刊」，二〇〇八年日月十一日）

色即是空，空即是色

「色即是空，空即是色」語出《般若波羅密多心經》。它是佛法中教人面對執著、破除纏縛的警語。

這句話所要闡明的正是萬物本「空」的道理。「空」並非無，而是萬事萬物皆無永恆、終將寂滅之意。由是，乃可以覺知不對萬事萬物興起執念，乃得身心自在。

是以，「色」即色相，指的是一切有形物質。「色即是空」，說明的正是修行之人一旦不再受到色相的誘惑，便能出離的狀態。因為知道妻子兒女、金銀珠寶與功名利祿的本來面目——荒塚與枯骨的實相，遂了悟色即是空的道理，因此可以破除色相的執迷。《紅樓夢》裡空空道人的〈好了歌〉已明示，故事尾聲，頑石投胎的寶玉終得削去青絲轉歸空門，只因有形物質的纏縛已無法再拘執寶玉了。

再者，「空即是色」指的是人間世諸般有形物質本然為空的事實，它們並無實體，而是地、水、火、風四大和合而成的。若此四大盡皆離散，即四大皆空。換言之，以有形物質為表象的世界，其實質可說空無所有。即使如此，已證知一切有形物質世界為虛妄不實，也不需因此悲觀消極；反而悠遊自在於這些空無自性的假相中，並以此有形物質過著圓滿幸福的生活，才是空即是色的積極意義所在。是以，許多得道高僧往往能於證悟之後，猶然以有形物質濟助世間苦厄，顯現其積極入世的一面。

因此，「色即是空，空即是色」兩者和合，其道理簡單至極：一切有形的物質現象盡皆是如是而已——平常心即是。

（原載《人間福報》第十四版「終身學習專刊」，二〇〇八年五月二十三日）

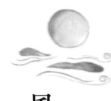

風動、幡動與心動

《六祖壇經》裡記載，兩位僧人為昨晚強風吹旗與否爭論不休。一位說是「風動」，一位說是「旛動」；在「風動」與「旛動」之間相持不下。惠能見他們爭辯至面紅耳赤之際仍互不相讓，對他們說：「不是風動，也不是旛動，是仁者你的心在動。」

是的，「心動」。此言一出，五雷轟頂，眾人頓時安靜。惠能神色自若，眼中且流泛智慧的光彩。惠能的道理極其簡單，如果心不動，如何知道風動、或是旛動？關鍵在「心」。因此，如果知道心動，便無需在意（爭辯）風動或旛動了。

原來，「心」正是世間最難對治的了。心原本無所謂無所為，只因人們誤以為心是有所作為、且恆久不變的。其實，是人們誤用了它。因此，明其心、見其性，宇宙因之開闊。是以，心不動，便能堅定自己的主體價值；心不動，則外在逆境不能影響於我。因此，管它風動與幡動，皆無所謂了。

因此，以惠能這宗公案之語觀看人世，若風動與幡動誼屬外境；那麼，心動則是內在的修為。人生如風波不斷的船隻，煩惱有時，驚懼有時，憂傷有時，數不盡說不完的辛酸與悲苦。外境之不堪、天地之殘忍，往往令人埋天怨地、顧影自憐。此時此刻，惠能的警語——不是風動、幡動，而是心動——直如甘露清泉般洞澈心脾。風與幡都是外境，不由我們掌控；能知道自己的心在哪裡，便能對治外境的干擾於無形。

風動、幡動與心動，說到底，只是「轉念」而已。

（原載《人間福報》第十四版「終身學習專刊」，二〇〇八年六月六日）

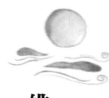

佛是金妝，人是衣妝

「佛是金妝，人是衣妝」，一般多作「人要衣妝，佛要金妝」。通常用以譬喻一個人的儀表，需由適當的穿著打扮以彰顯其價值或地位。

這句流傳廣遠的俗諺，明顯也與「佛」相關。如《醒世恆言》第一卷裡說道：「常言道：『佛是金妝，人是衣妝。世人眼孔淺的多，只有皮相，沒有骨相。』」可見，外在於我之儀表的重要性，往往由於世人之眼孔短淺，以「第一印象」定義他人的價值。此外，《醒世恆言》第二十卷裡說道張廷秀逃生救父：「張權將廷秀打扮起來，真個人是衣妝，佛是金妝。廷秀穿了一身華麗衣服，比前愈加手采」，亦可見此成語運用之廣。

「佛是金妝，人是衣妝」，如今多以其正面意義勸勉人們「人要衣妝」的道理，與「佛要金妝」相同。儀表裝扮本身並無罪惡，適當的打扮正是禮貌的表現，也有尊重世人賞心悅目的審美需求之意。若過度金裝，以致虛華無度，反倒有失「禮貌」與「尊重」。為博得世人豔羨的目光，重金購置華服美靴、豪宅跑車之類的奢華消費；更有甚者，為手機外殼或是衛浴設備鍍金鑲鑽。金妝衣妝之過度，不僅令人咋舌，其人之心靈世界的貧乏程度亦使人難以恭維。

因此，人要衣妝，佛要金妝，講求的是適度的打理儀容，可使人賞心悅目，亦增添自我的價值感，非謂過度無謂之妝點也。

（原載《人間福報》第十四版「終身學習專刊」，二〇〇八年八月二十九日）

解鈴還是繫鈴人

解鈴還是繫鈴人，比喻所有問題與困難，還是得由始作俑者解決才是正道。

典出明代瞿汝稷所編禪宗語錄《指月錄》，南唐金陵（南京）清涼寺的泰欽法燈禪師在寺院修持的故事。話說其人個性豪邁，卻無甚作為，旁人皆覺其平凡無奇，但法眼禪師卻特別器重他。有天，法眼禪師問道：「虎項金鈴，是誰解得？」眾人無法回答，剛好法燈禪師到，法眼禪師問以同樣問題，法燈禪師回道：「繫者解得。」答案如斯簡單，眾人卻百思不得其解，其關鍵在於眾人震懾於「虎」之威猛形象，直覺認為無人可解鈴。其實此問題並非要眾人解決實存面上的難題，而是思維問題。此問題的重心在提醒人們「直指人心（核心）」的重要性，只有心思澄澈之人，方有洞燭機鋒的可能。

此後，逐漸衍化為「解鈴還是繫鈴人」這一成語，《紅樓夢》第九十回裡即有：「心病終須心藥治，解鈴還是繫鈴人。」前一回即寫道黛玉因聽說寶玉另外定親而大病一場。這回又說道黛玉聽丫鬟雪雁等人竊竊私語，由「親上作親」的話判斷寶玉定的親應是自己，乃豁然病癒。黛玉因得愛而生、失愛而病，乃至死亡，可見其情愛之貞定力量來自外緣，非由於自己的洞見。因此迭生心病，能解其病症的終究只有寶玉之愛這一味藥方。黛玉何其孤絕，除倚靠寶玉，別無他途。黛玉之走向死亡，有跡可尋；而真正能拯救她自己的人其實正是她「自己」。

是以，解鈴還是繫鈴人的深層含義，往往還在於此——真正能解救自己的苦痛與難題的人，並非他人，一切還是要回到自己身上。學會放下與放心，方為解藥。

（原載《人間福報》第十四版「終身學習專刊」，二〇〇八年九月五日）

放下屠刀，立地成佛

放下屠刀，立地成佛。這是佛教勸人修行的話——苦口婆心的勸誡之語。其後，比喻為只要真心棄惡從善，便可立即成為好人。也作「放下屠刀即便成佛」。

宋代大儒朱熹在《朱子語類》卷三〇討論《論語・雍也》篇時也說道：「佛家所謂『放下屠刀，立地成佛』，若有過能不貳，直是難。」可見朱子也認同「不貳過」之難，乃不免發出上述感慨。不貳過的關鍵在「決心」二字，是以一旦放下屠刀，立時立地頓成仙佛。若不能以決心戰勝貳過，則因循怠惰，無有已時。而這也是修行中至為困難之處。

因此，李汝珍《鏡花緣》第十回裡也說道：「此非『放下屠刀，立地成佛』

麼！可見上天原許眾生回心向善的。」可見，「放下屠刀，立地成佛」，至清代已是習見的成語。而「上天原許眾生回心向善」的概念亦充滿慈悲的智慧。

面對犯錯之人，應給予最好的「懲罰」——應許他向善的可能，使之有悔有恥。只有無限包容、十分廣大的愛心予以肯定，則不貳過的「決心」才有生發的可能性。此時，一旦放下屠刀，其立地成佛便愈顯其高貴的價值。

因此，「放下屠刀，立地成佛」，並不困難，難的是決心。決心一生，便不貳過。這就是「放下屠刀，立地成佛」的真諦。

（原載《人間福報》第十四版「終身學習專刊」，二〇〇八年七月四日）

芥子納須彌，一沙一世界

芥子納須彌，芥子是芥菜的種子，形容極小之物；須彌，指佛教世界裡最高的山須彌山，也叫做妙高山。極小與極大之物，一體平等，原不相礙。因此須彌雖大，納芥子極容易；但芥子雖小，卻也能無礙地容納須彌山。

此語出自《大慧普覺禪師普說》卷十八：「以至芥子納須彌，須彌納芥子之類亦非假於他術。」、《維摩詰經・不思議品》：「須彌納芥子，芥子納須彌」，以極小與極大的對比，說明心包太虛，量周沙界的道理。須彌雖大，納極小之芥子自然很容易，但也不會因此而使須彌山增加體積；芥子雖小，卻也能夠輕易地容納須彌山，並且毫無扭曲形體的必要。一切平常，相容無礙。看似不可思議的道理，其實極為平易。

一個有名的小故事很容易說明這種看似不可思議的道理。一般的觀念認為只有大的可以納小的，小的必不能容納大的，兩相妨礙。但佛學智慧否定了這種極端的二分法，以大小無礙的論點，說明芥子納須彌這一不可思議的法界。唐代李渤任江州刺史，某次問道於智常禪師：「佛經所說的須彌納芥子，芥子納須彌，未免太玄奇，小小一粒芥子，如何可能容納如此巨大的須彌山？」智常禪師聞言笑道：「人家說你讀書萬卷，可有這回事？」「當然，當然。」李渤一派得意。「那麼，你讀過的萬卷書如今安在？」李渤指著自己的頭說：「都在這裡。」智常禪師道：「奇怪！我看你的頭只有一個椰子這麼大，你是如何將萬卷書放入你小小的腦袋裡？」李渤聽後直如當頭棒喝。

因此，世界上最寬闊的並非大地、海洋或高山，而是人的「心」。心就像芥子一般能包容萬有，無論好壞都在我的心中。一心想著好事時，世界一片美好；一意想著壞事時，世界便處處礙眼。心如芥子，能輕易容納須彌之大而無所變形，正如一沙一世界，足以涵納萬有，無所妨礙。是以，一切如如，並無不可思議之處。

（原載《人間福報》第十四版「終身學習專刊」，二〇〇八年十一月十四日）

醍醐灌頂

醍醐灌頂，即當頭棒喝之意。

醍醐指的是由牛奶中精煉而出的乳酪；灌頂即金剛乘儀式，上師向弟子傳授新法門之前所舉行的宗教儀式。通常以聖水灑在弟子頭頂，或將醍醐澆灌至頭上，以象徵授予其力量。佛家以此比喻灌輸智慧，使人得以啟發徹底醒悟之意。此後，它的用法逐漸普遍，與禪宗所謂當頭棒喝之意有相通之妙。

其後，醍醐灌頂亦常出現於各種經典中，如《西遊記》第三十一回裡說道「那沙僧一聞孫悟空的三個字，好便是醍醐灌頂，甘露滋心」便是一例。此外，《紅樓夢》第六十三回裡描述「寶玉聽了，如醍醐灌頂，噯喲了一聲，方笑道：『怪道我們家廟說是鐵檻寺呢，原來有這一說。』」云云。由此可見，佛教經典所衍伸的成語，如何被廣泛運用於文學作品裡。

如今，醍醐灌頂也可比喻為令人感到清涼舒適之意。例如，至冷泉一遊，任冷水臨頭澆灌，即令人頓感醍醐灌頂之意。又，一位長者或智者提點的話語，往往令人頓生醍醐灌頂之效，猶如一瓣清蓮般令人舒適快意。可見，醍醐灌頂運用於日常生活亦十分普遍。它與當頭棒喝一樣，直指人心，不立文字。真正的啟發毋需語言文字，真正的醒悟只在一念之間。當心念有所感悟，灌頂與棒喝之效已然達於無形。

是以，醍醐灌頂即當頭棒喝，智慧增生，力量無窮。

（原載《人間福報》第十四版「終身學習專刊」，二〇〇八年八月八日）

自由自在

自由自在，也作「自繇自在」。其意義至為簡明，指的是不受拘束，隨心所欲，悠閒安適之意。

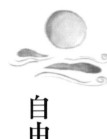

在《五燈會元・華光院范禪師》裡有這麼一段對話，「牛頭（即法融大師）未見四祖時如何？」，曰「自由自在」。「見後如何？」，曰「自由自在」。由此可知自由自在的境界，實為人心企慕的最高境界。最好的生存體驗便是自由、自在。其後，自由自在成為極普遍的成語被人們使用著。

《西遊記》第五回裡也應用這句成語：「那齊天府下二司仙吏，早晚伏侍，只知日食三餐，夜眠一榻，無事牽縈，自由自在。」，《紅樓夢》第七十九回也說道：「我何曾不要來。如今你哥哥回來，那裡比得先時自由自在的了。」由此可知，至少在古典白話小說裡，自由自在已是常見的用詞了。

自由自在，看似簡單，實則難行。人生在世，總是受制於諸般外境，許多事情往往由不得自己，此時總得施以妥協的藝術，方得以安然度世。因此，全然的不受拘束、隨心所欲，幾乎不可得。正因為它的「難得」，乃得以成為人們念茲在茲的課題。歷代哲人及其經典，無不戮力闡明自由自在之理。《老子》如此，《莊子》亦然，諸佛經佛典裡更是常見自由自在的修行課題。

然而，真正的「自由自在」何在？或許唯有全然放手之後，方能真正領略此中真義吧。

（原載《人間福報》第十四版「終身學習專刊」，二〇〇八年八月十五日）

拋磚引玉

拋磚引玉，拋磚而出，引玉回來。磚、玉之價值，高下立判。其後多以此為自謙之詞，比喻自己先發表粗陋的詩文或不成熟的見解，以便引出他人的佳作或高論。拋磚引玉早已成為生活上的普遍用語，因此人們大多渾然不覺，它其實也是佛典智慧。

在《景德傳燈錄・趙州東院從諗禪師》裡說道：「趙州觀院從諗禪師，……時有一僧便出禮拜，師云：『比來拋磚引玉，卻得個墼子。』」即為拋磚引玉的出處。故事裡雖企圖拋磚以引來美玉，無意卻得個墼子，亦寄寓付出、期待與收獲之間不可期之關係。

其後，在《幼學瓊林・珍寶類》裡頭也這麼引用：「以小致大，謂之『拋磚引玉』。」它指明的即是以小博大的智慧，是謂拋磚引玉。《鏡花緣》第十八回裡也應用此成語：「剛才婢子費了脣舌，說了多書名，原是拋磚引玉，以為借此長長見識……。」其用法與前同。

可見，拋磚引玉自《景德傳燈錄》之後即成為普遍應用的成語，它所指涉的人生智慧亦極為簡明易曉。特別在紛亂的世情裡，總有人願意拋磚引玉，以吸納社會的廣大力量，濟助弱勢。如自願遠赴第三世界國家服志願役的某醫生，不僅融入當地社會，以行動關懷貧弱的人群；更在當地發起以垃圾交換舊衣的活動，讓當地人學會撿拾垃圾以維護環境的潔淨。此一創舉，旋即引發國內的舊衣捐助風潮，一箱箱愛心衣物源源不絕的，送往黑暗大陸。該醫生拋磚引玉之舉，果然具有以小博大的效應，值得敬佩。

（原載《人間福報》第十四版「終身學習專刊」，二〇〇八年八月二十二日）

葉落知秋

「葉落知秋」，指看到樹葉凋零，即知秋天腳步已近。後比喻為由局部跡象，便可以推知整體事物的全貌，有時也做「一葉知秋」。

《五燈會元・天童咸傑禪師》裡如是說道：「動絃別曲，葉落知秋。舉一明三，目機銖兩。」可見「葉落知秋」乃出自佛典的成語智慧。其義與「舉一明（反）三」雷同，俱有見微知著、以小見大之意。

原來人的慧見洞視到一定程度後，無需語言文字樣樣說清指明，便能夠一葉知秋。是以，一點星火，即可燎原，何以見得？便來自於洞識的能力。洞識之洞，有空明、透澈之意，由於對生命與人性的理解，往往使我們可以敏銳的覺知事物的動向，易於掌握未來的可能性。一個很好的例子是，動輒以「情緒」面對困難的人，多半非常關注「我自己」的「面子」問題，他往往認為外界的評價可以完全摧毀自己的信心或價值，遂習慣以較具毀滅性的方式解決問題，如向上或對外申訴，扮演「強勢受害者」的角色，威逼恫赫以獲取他人對自我的彌補，最終目的是「自己想要的東西」一定要得到，才能維護得了自尊的完整。

因此，端看一個人的情緒管理，便能一收葉落知秋之效。

（原載《人間福報》第十四版「終身學習專刊」，二〇〇八年九月二十六日）

不可思議

近來呈幅射狀無限擴大的毒品毒奶事件，已臻「不可思議」之境地。如此常見的「不可思議」，原來也是出自佛典的用語。

「不可思議」原指在直觀中方能證悟的、不可思慮言說的真理或境界。用以形容諸佛菩薩覺悟之境與智慧、神通之奧妙。典出《維摩詰所說經・不思議品第六》：「諸佛菩薩，有解脫名不可思議，若菩薩住是解脫者，以須彌之高廣內（納）芥子中，無所增減，須彌山王本相如故。」維摩詰在自己的居所講道，並請來三百二十萬寶座供得道菩薩安坐，然寶座既高大又華美，看來如此窄小的空間似無法容納。萬沒想到，當寶座從天而降時，原來小小的房子竟好像也變大了，三百二十萬個寶座置於其間，一點不顯擁擠。對此「不可思議」的現象，維摩詰解釋道，在諸佛與菩薩之中有一種解脫法門叫做「不可思議」，在此境界中，任何事物都能如常如是，無需特別放大或縮小，便能夠將高大的須彌山容納於小小的芥子當中。這個故事也延伸出「須彌芥子」這個用語，科幻小說家倪匡便有一部作品名為《須彌芥子》。

何以能夠不可思議？乃因一切法空，萬事萬物本無實體，皆為虛幻之存在，須彌山之高大並非真有，而芥子之微小亦為虛幻，所以芥子能容須彌山。維摩詰便透過屋納寶座這樣神奇的演示，揭示了修行的途徑，也就是必須直觀才能不拘限於實相以證悟真理。而這神妙無可言喻的境地，便是不思議解脫法門。如今使用「不可思議」，多用來比喻超乎常情，令人難以理解之情狀。

是以，芥子之小已能容須彌之大，人世間便無太多紛爭可計較之，再多的摩擦也能化於無形。一笑置之、恩仇盡泯，凡人皆可臻此不可思議之境。

（原載《人間福報》第十四版「終身學習專刊」，二〇〇八年十月三日）

五體投地

五體投地者，往往以其最虔敬的姿態與土地相親合。試看前進西藏拉薩朝聖的信徒們，往往以磕長頭的方式前往他們心目中的聖地，無怨無悔。

「五體投地」一詞，原為古印度最恭敬無上的致敬儀式，指雙膝、雙肘及頭五處皆著地，佛教徒沿用此禮以敬三寶。《翻譯名義集・眾善行法・槃那寐》中如是說道：「三頭至地者，即五體投地，故大論云：『人之一身，頭最為上，足最為下，以頭禮足，恭敬之至。』」因此佛教徒沿用此禮以敬奉佛陀、佛法、僧人等三寶。玄奘《大唐西域記・印度總述》篇中也曾經提及古印度這項「五體投地」之禮；《大佛頂首楞嚴經》也有一故事說道：「阿難聞已，重復悲淚，五體投地，長跪合掌。」均可見五體投地之禮與佛家的密切關係。行五體投地之大禮，足見其心之虔敬，亦可見其意之誠。

是以，最虔敬的信徒往往以此大禮，忠實地傳達出人們對於天地的至大敬意。惟其敬意深厚，乃能毫無怨尤的重覆又重覆、日復一日、月復一月地磕下長頭，不敢稍有絲毫鬆懈。因此，真正的修行便由此透顯，惟以極耐煩之心，乃能力抗人性的怠懶。

然五體投地今日的用法大多譬喻非常欽佩之意，如《兒女英雄傳》裡說道：「我安龍媒對你這樣的天人，只有五體投地了。」，《老殘遊記》也有類似的用法：「屢聞至論，本極佩服，今日之說，則更五體投地。」沿用至今，五體投地大多特指佩服之意。

無論如何，能耐煩耐苦的恪行五體投地之禮者，確實能令人們欽佩無已。

（原載《人間福報》第十四版「終身學習專刊」，二〇〇八年十月十七日）

回頭是岸

回頭是岸，常人用以勸人為善以登涅盤境界的祝詞。原來，它也是不折不扣的佛教用語。

佛家以「苦海」譬喻世界，藉由宗教修持，方能斷滅所有欲望，以超脫死生輪迴，臻於涅槃境界。因此，「回頭是岸」即勸人不要陷溺於無邊苦海中，能「回頭」，方能登於涅槃彼「岸」。彼岸即此岸，回頭即是靠岸。

它的應用範圍至為廣大，後多用以比喻悔過自新或促人向善之意。如元代無名氏《來生債》第一折裡即有：「兀那世間的人，那貪財好賄，苦海無邊，回頭是岸，何不早結善緣也。」勸人遠離貨色貪利，以修成正緣，乃回頭是岸。

此外，回頭是岸也有「靠岸」之意。若人生果真譬況為苦海，則沉淪其中的凡夫俗子，莫不癡昧至極。載浮載沉之際，想必心意繁亂，加速沒頂的可能性。此時若能稍微「回頭」，涯岸在望，大多極願泅泳靠岸、乃至上岸，以掙脫無邊苦海。

是以，「回頭」一事，乍看似無微言大義，其實正是「靠岸」與否的關鍵。張藝謀電影《十面埋伏》中刻畫了三位沉淪於無邊情海的癡男曠女，兩男為爭得一女之芳澤，進行一場無情的決鬥。甲男子自認「恩」愛於女子，卻為女子所負（別戀於乙男子），沉淪於情之苦海的甲男子憤而追殺心愛的女子，理由既癡傻又可悲——「我不信三年的等待，比不上他三天的相處」、「我得不到的，別人也別想得到」。瀕於死亡邊境的女子，為救乙男子而加速送命的時程，亦在所不辭；至此，甲男子算是真正斷送了自己的愛。果然，甲男子得不到的，別人也得不到；但他顯然失去更多。

如果他知道「回頭」——在心愛女子傷於自己刀下時頓然悔悟（如乙男子所言：「你既然愛她，何以殺她？」），必能救得女子性命；即使女子仍執意離去，至少亦拯救了自己、得以泅泳上岸——脫離苦海。劇末，甲男子頹敗離去，徹底失敗的身影，令人不忍。

是以，回頭是岸，尤其是沉淪並掙扎於無邊苦海的人們——「回頭」，即可「靠岸」。

（原載《人間福報》第十四版「終身學習專刊」，二〇〇八年七月十八日）

菩薩低眉

菩薩低眉，聞聲救苦。常言稱其為救苦救難的「觀」世音菩薩，但她卻一派「低眉」慈目垂顏聽的樣貌——似乎並沒有「看到」，如何救之？

菩薩低眉，仍能救苦救難；靠的是「諦聽」的功夫，而非「明目」以對。眼神往往為一人精神之所在，同時也是最具有威力的感官。如《太平廣記・薛道衡》引《談藪》所言：「金剛努目，所以降伏四魔；菩薩低眉，所以慈悲六道。」菩薩低眉乃用以形容一個人慈善或柔弱的樣貌。

觀世音以其低眉，看似柔弱，卻充分呈現「柔弱勝剛強」的韌性之美。低眉，似乎無法仔細看見；但人的感官，一向以聽覺最為敏銳。即使未正眼直視，亦可以心靈聽聞之、直觀之。是以，菩薩只需低眉，即可從容救苦。所以，梁啟超《新中國未來記》第五回也說道：「結識得幾個有體面的洋大人，那就任憑老佛爺見著你，也只好菩薩低眉了。」可見此成語運用之廣泛。

此外，菩薩之低眉慈目，亦能突顯其謙卑的形象。以其足夠偉大，乃能「低聲下氣」；以其真正高貴，乃能低眉垂目。不欲彰顯自己的豐功偉績，乃能發散和煦的聲氣，吸引眾人的圍攏。不欲彰顯，正是修養的至高境界。

因此，菩薩低眉雖無金剛努目的強勢威嚴，卻能慈悲六道，其「秘方」便是極偉大極謙遜的以柔克剛之理。

（原載《人間福報》第十四版「終身學習專刊」，二〇〇八年七月二十五日）

冷暖自知

冷暖自知，原指水的冷暖，只有飲用者才知道它的真正滋味，他人無從置喙。

「冷暖自知」，典出《大毘盧遮那成佛經疏》卷十二：「如飲水者，冷熱自知，尚不可為不飲人說，況如來境耶？」在此，禪宗認為證悟境界，乃不可言傳的獨特經驗。《景德傳燈錄‧袁州蒙山道明禪師》也如是說道：「今蒙指授入處，如人飲水，冷暖自知。」其後，乃逐漸引喻為體會道理之深淺，全在於自己的體驗。職是，「冷暖自知」便經常被使用在對人生道理的體會上，通常不會僅僅指涉水之冷暖而已。

宋代蘇軾〈韓退之孟郊墓銘云以昌其詩舉此問王定國當昌其身耶抑昌其詩也來

詩下語未契作此答之〉詩也說道：「吾言豈須多，冷暖子自知。」可見，冷暖自知至後代已成為習見之成語，無需特別詮解，人人能懂。

因此，當我們身處痛苦困厄時，他人的寬慰不見得能與我們的心情相應，常是斷裂的，有落差的。原因極為明白，只因所有極個人的人生經驗，雖有其大體相通之處，但極幽微之處仍隱隱未被他人所完全慰勉，所謂「冷暖自知」就是這樣的感受。

是以，冷暖自知，與每個人對事物的接受度有關，你認為滾燙的水，於我或者只是溫水；你憂愁煩悶之事，於我也許雲淡風輕。其中差別便在於修養之深淺、感受之異同。

（原載《人間福報》第十四版「終身學習專刊」，二〇〇八年八月一日）

生老病死

生、老、病、死，人人皆無可迴避之大事，尤其是後三者——老、病、死，更是人人避之唯恐不及。

生老病死，本指佛教「生苦」、「老苦」、「病苦」、「死苦」等「四苦」，其後乃泛指人的出生、衰老、疾病與死亡等自然的生命現象。人自出世便開始承受此四苦，它自然來去，自然生發，僅時間長短之異罷了。然而，如此自然而真實的現象，世人往往「只緣身在此山中」，無法自大處觀看人世的處境，是以經常自苦而不自知。所以「四苦」之「苦」，其實人為造作的成分更大些。

在《敦煌變文・八相變》裡也如是說道：「生老病死相煎逼，積財千萬總成空。」也明白指出生老病死，人皆遇之，此四苦之苦苦相逼，總令人心憂神傷；相較之下，萬千錢財簡直不值一覷。

同樣地，明代何良俊也在《世說新語補》卷八〈雅量〉篇裡說道：「裴晉公不信術數。每語人曰：『雞豬魚蒜，逢著則喫；生老病死，時至則行。』」可見，生老病死，只是「時」的問題，時候到了自然生發、起滅；凡人實毋需操心於此。

因此，若將由不得我們自己決定的「生」之苦置於一旁；那麼，老、病、死三苦，至少是我們可以自由決定如何面對的苦。老不足懼，真正的老是心境的老。相對言之，病與死則是較難面對的苦。然而，病痛來襲之際，一樣也有樂觀的病者；死亡亦如是。莊子面對死亡便很有意思，如其妻亡故，眾親友陸續前往弔唁，獨莊子本人不帶悲傷之色，反而鼓盆而歌，其反合常道的「無情」作為，令人費解。其實，莊子認為妻子生前並未豐衣足食的過著好日子，死亡反倒使其妻得以解脫，未嘗不是一樁好事；況且死亡與出生並無二致，不過是件極其自然之事。

因此，莊子並非無情，亦非絕無哀傷。只是瞭解生老病死之苦的真諦罷了。

（原載《人間福報》第十四版「終身學習專刊」，二〇〇八年六月二十七日）

生死疲勞，由貪欲起

「生死疲勞，由貪欲起，少欲無為，身心自在。」（後漢・安息國三藏安世高譯《佛說八大人覺經》）關於欲望的課題，我們知道的太多也太少。

活著，便是最大的欲望。我們總是想要的太多，需要的太少。想要的本身正是一個牢籠，緊緊纏縛著我們的性靈，使我們忘失了自我原有的面貌，為了想要得到而活著。原來，著意的想要、刻意的作為，正是身心無法自在的主要原因。因此，過多貪欲的追求，使我們無論生死都得為此疲勞不堪，無所休止。

於是，欲望的節制美學，成為我們必修的人生課題。對於特別珍愛的事物，表現出內斂而克制的觀賞態度，而非強取豪奪的擁有。對於相當歆慕的對象，展現出不掠人之美的雅量，而非無所不用其極的佔有。以其能節制欲望，所以彰顯人格的高貴；以其能少欲無為，所以身心自在。是以，真正懂得節制而自覺渺小的人，不一定真的渺小；自覺偉大的，也不一定就真的偉大。常是最簡約的退藏，使欲望變少、也變美。所以，能夠無為而為。

因此，欲望的追求無窮無盡，無有盡時。而對治由貪欲而起的生死疲勞，是值得一生追求的課題。

（原載《人間福報》第十四版「終身學習專刊」，二〇〇七年十月五日）

卷四

上下求索——知識與學習

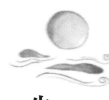

生也有涯，而知也無涯

知識學問等外在事物的追求，迷人且永無盡頭。

《莊子・養生主》如是說道：「吾生也有涯，而知也無涯。以有涯隨無涯，殆已；已而為知者，殆而已矣。」其中關鍵字「知」，不止「智」慧之意，更指稱一切外在事物，包括知識、學問、名利等。生命有限，外在事物的追求卻無窮無盡。以有限的生命，追求無窮盡的事物，非常危險。既知如此，還是汲汲於追求它，簡直危險至極。

養生以何為主？養生之主為何？〈養生主〉所詰問的道理在此，即以自然為常道，可保全天命。是以，在人間世追逐一切外在事物——知識、學問、理想、名利、權位、美貌、華服等，乃以區區一身追逐此類無窮無盡的事物。於是，可以想見，夸父逐日何以自斃於烈陽之下。原來，肉身終究敵不過天命，衰朽有時，消亡有時；而外在事物之徵逐，卻無有了時。

君不見、日前英倫名牌包以五百元台幣出售一只環保袋，竟引發社會暴動似的搶購風潮，一時之間蔚為熱門話題，「你暴動了沒？」成為時下最流行的問候語。只因它是一只書寫著「我不是塑膠袋」的名牌包?!

然而，瘋狂搶購之後呢？心靈因此而滿足、或是更不足?!

（原載《人間福報》第十四版「終身學習專刊」，二〇〇七年八月十日）

路曼曼其修遠兮，吾將上下而求索

對於生命與知識的好奇心，是人生的活力源頭。因此，我們情願支付大把大把的時間，戮力追索它，上窮碧落下黃泉，矢志不悔。此正如屈原〈離騷〉所言：「路曼曼其修遠兮，吾將上下而求索。」

是的，長路漫漫，追尋理想的極致是一條悠遠的路途；然而由於它值得，吾人乃上天下地奮力追索，務求真理的顯身。試想，迭遭憂讒的屈原，行吟江畔之際，他是如何思索著一些簡單卻複雜的人生義理。在深刻的冥思中，屈原以其靈目慧心，照見人間宇宙最盛大的光芒；於是，他能夠明白自己的堅持，所為何來——為家國之福祉，而非區區己身。這是一幅大智慧者的照相——堅持理想，無怨無悔。

是以，在屈原的憂懷中，我們看見一種堅持。那是對理想、對美好人事的信仰，促使我們願意行走遠途，即使付出與回報不成比例，我們仍願意如此。因此，行路彌遠，信仰愈深。對於理想價值的堅持，其本身直是一種宗教信仰式的貞定精神。

所以，當我們環視自己的存在，檢視自己的價值時，要面對的正是這樣勢必長路漫漫、上下求索的修行，並且終將延續一生。尤其是混亂的年代裡日趨下沉的人心，對治它的一帖良藥，正是這種對美好理想有所堅持的純粹精神。

（原載《人間福報》第十四版「終身學習專刊」，二〇〇七年十月十二日）

從善如登，從惡如崩

典出《國語・周語》的兩句名言：「從善如登，從惡如崩」，意指學好困難、學壞容易。

何以言之？學好如同登山一樣，必需一步步腳踏實地的攀援而上，需耗費九牛二虎之力，才有攻頂的可能。因此，「如登」譬喻困難之意。然而，學壞則如同巨石崩落般一洩千里，迅雷不及掩耳之際已然山河變色。因此，「如崩」指的是容易。

是以，學好不容易、學壞則易如反掌。這與「性惡說」顯然有些相通之處。天生人性若不加以善導，必然流於不好的發展，所以需要教育以導正之，這是「性惡說」裡的重要精義。

因此，學好需要長時間的引導，以便漸入佳境，其養成過程必然艱辛，正因學好不易達成，乃特別珍貴，也較能博得他人的尊敬；而學壞則相對容易許多，幾乎不待學習，便能夠同流合污。也正因為如此，則學壞勢如山崩，不僅毀滅自我，同時也拖累其他人。是以，教育的功用便顯得益發重要了。

尤其是當人面對金權利誘時，往往便能見出人性之陰暗面。窮困者要拒絕一筆巨款並不容易，但往往也因為貧窮而懂得自我節制。但貧困者一旦登躋權勢高位時，卻反而貪求得比任何富人都要來得兇。這就是從善如登，從惡如崩之意。

因此，從善不易，從惡極易。

（原載《人間福報》第十四版「終身學習專刊」，二〇〇八年十一月二十八日）

千里之行，始於足下

若要世事洞明、人情練達，謙遜功夫必不可少。而「千里之行，始於足下」這一出自《老子》的經典佳言，庶幾可為明燈。

《周易》謙卦「初六」〈象〉曰：『謙謙君子』，卑以自牧也。」、《尚書・虞書・大禹謨》有言：「滿招損，謙受益。」，遠古經典即已飽含謙卑的人生智慧。「卑」者，下也，即萬事萬物從最底層開始生發。最是君子者，最是謙卑自牧、虛心向下；反之。

於是，績效最為卓著的業務人員，必然是一步步挨家挨戶踏破鐵鞋而來的。受人景仰的學者，必然是最願意下苦功積累學養的勤學者。度化眾生的得道高僧，更是由挑水、燒柴、灑掃等「小事」中領悟人生的。孔子也說道「吾少也賤，故多能鄙事。」（《論語・子罕》）。是以，「千里之行」必然「始於足下」。要人事順遂、人生成功，一切得從根本做起。

職是，願意從頭做起、不計小事者，往往成功較快、成就較大。想要跳得更遠，就要懂得退後；想要彈得更高，就要學會壓縮；想要走得更長，就要懂得休息；想要學得更博，就要學會韜光。星雲大師在《佛光菜根譚》裡如是說道。

於是，以謙虛始於足下，人生方能行走千里，並可長久。

（原載《人間福報》第十四版「終身學習專刊」，二〇〇七年八月十七日）

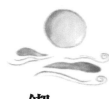

鍥而不舍，金石可鏤

所有成功的人事，其訣竅如一：耐心與耐力。

《荀子・勸學》如是提示：「鍥而舍之，朽木不折；鍥而不舍，金石可鏤。」鍥者刻也，舍即捨。努力雕刻卻中途放棄，即使朽木也無法被摧折；努力雕琢而永不放棄，即使堅硬如金石也容易被雕出美好的形象。《晉書・虞溥傳》也有類似的智慧：「鍥而不舍，金石可虧。」虧者毀壞也。不放棄努力，如金石之堅者依然能夠被輕易毀壞。

耐心與耐力的訓練，是一種自覺的修持。有一個故事說道西藏喇嘛如何教育弟子「耐心」二字：每天準備五百個空瓶子，要弟子逐一斟滿水，直到所有空瓶皆注滿水，再倒掉它。如此日復一日，單調而重複，耐心便如斯培養起，並且永不退卻。

耐心與耐力也是性格的一部分。現代人總太習慣匆促的生活步調，凡事要求績效，一不小心便落入「一定要馬上得到」的迷思中而不自覺。因此，延遲得到的滿足感是重要的修持。懂得延遲，便能得到更大的滿足。於是，認真沉潛於一件自己喜歡的事，即使耗費的時間與心力無可計量，仍願意堅持下去，便終有享受甜美果實的一天。然而，途中的寂寞與孤獨，乃無可推卻的禮物，必需耐得住，才能撐持得過。

是以，耐得住寂寞是現代人必需的修持；以其懂得堅持，朽木開花乃指日可待。

（原載《人間福報》第十四版「終身學習專刊」，二〇〇七年九月二十一日）

泰山不讓土壤，故能成其大

「泰山不讓土壤，故能成其大，河海不擇細流，故能就其深。」，典出李斯〈諫逐客書〉。「讓」與「擇」皆有排拒之意。李斯此意為泰山之所以能有如此高度，正因為不拒絕任何微小的土壤，以致能夠堆砌成為如今的成就。江河之所以有如此深度，正因為不拒絕任何細微的溪流，以致匯流成為如今的規模。

由此可見，此言之關鍵在於「不讓」與「不擇」上。當年為秦國所重用的丞相李斯，原以此言奉勸秦王不能把六國人才逐出秦國。秦王正是因為沒有驅逐這些人，反而匯集了這些人的力量，最後乃得以統一天下。之所以能夠成其大，乃因「不讓」／「不擇」任何一種人才之故。因其懂得包容涵納，乃能以此成就大業。

因此，以此言觀諸人情世態，亦然。大凡能夠成就大事者，往往多能腳踏實地的耕耘再三，無論鉅細、不計大小，任何經驗都有助於事功的積累。換言之，任何醒目的成就，其唯一法寶便是勤勞刻苦；其最大險要便是好高騖遠。舉例言之，好高騖遠的創作者，往往花費較多時間「想」著成就的到來，反不願一步一腳印的書寫作品，滿以為敝帚自珍之作乃曠世極品。一旦終有機會名滿天下，當下固然自鳴得意，但作品問世後卻未必深獲好評。此因平日疏於積累之功，冒然癡想一登絕頂，自然跌得更重。此中關鍵仍在於「不讓」／「不擇」任何一件微小創作的包容與謙卑之上。

是以，泰山與河海之成就，道理極簡單，僅僅因其不讓土壤、不擇細流之故。包容涵納，別無他法。

（原載《人間福報》第十四版「終身學習專刊」，二〇〇八年十二月十九日）

好讀書，不求甚解

「不求甚解」是陶淵明的讀書之樂。時至今日，人們多誤用原意而不自覺，以不求甚解為讀書不夠認真，不能實事求是為弊病。其實，陶淵明的境界絕不止於此。

陶淵明《五柳先生傳》是這麼說的：「好讀書，不求甚解。每有會意，便欣然忘食。」陶淵明在這篇自傳散文裡，自述閒靜少言，不慕榮利，最喜之事便是讀書。而讀書之樂的關鍵正是「不求甚解」四字；以其不求甚解，所以愈讀愈有意味，一旦有所領會，經常誤了正餐，渾然不覺飢餓為何物。這是書本做為精神食糧最好的註腳。

因此，「不求甚解」指的是讀書時應讀出微言大義，而不是餖飣於文字的考證或字句的意義等瑣屑之事。閱讀時遇到文字障礙，勢所難免；然而真正懂得閱讀之樂者，往往能夠暫時越過此障礙，以掌握全文大旨為要。一本書若能讀通，則特別字句之意義自能由大量閱讀中自然習得。是以，陶淵明此言，所說明的閱讀樂趣在於大量閱讀，為生命而讀；而非斤斤於字句的實用閱讀，比如為考試升學。

循此，「不求甚解」的讀書法適用於不求實用的閱讀。閱讀之樂在於讀者與作者的心意相通，讀者由作者的文字中讀出自己的心情，因而有所感動，心領神會，如此足矣。

（原載《人間福報》第十四版「終身學習專刊」，二〇〇八年四月十一日）

盛年不重來，一日難再晨

青春年華稍縱即逝，因此少小不努力，老大徒傷悲的警語不斷提醒著我們——關於年輕與時間這一課題。

年輕時總有用之不盡的時間、打發不了的無聊；因此可以縱情逸樂、恣意揮霍。總是等到垂垂老矣時，才猛然驚覺韶華已逝。對此，陶淵明〈雜詩〉即如是說道：「盛年不重來，一日難再晨。」一個人一生中最美好的時光是盛年，一日最美好的則是清新的晨光。其寓意再明顯不過，正是一回首已百年身的感慨，迫使陶淵明也不免發出如是反省。

因此，立志要趁早，行善要及時。時間的掌握操之在己，唯有一「勤」足以抵擋無情的歲月。譬若未滿三十的青春作家九把刀，至今不但著作等身、且具有一定的書市票房。其自言道，每日有計劃的逼迫自己得寫上五千字，藉此嚴格的自我要求磨練自己的文筆，終於使他能夠建立起屬於自己的寫作天地，可謂當今立志從事職業寫作者的典範。想必在他的辭典裡，「盛年不重來，一日難再晨」的慨嘆，應當是沒有的。

職是，趁著青春年少勤勞任事以追趕無情的時間，將是一生中極重要的功課。唯有深切體會這樣的良機無法再有，才能在前人的感嘆中習得教訓，珍視當下。

（原載《人間福報》第十四版「終身學習專刊」，二〇〇七年十月十九日）

百尺竿頭，更進一步

「百尺竿頭，更進一步」，極為平易近人的成語，生活中隨處可見。然其激勵人心的平易用法，卻幾乎使人忘了它的源頭——《景德傳燈錄》。

北宋・釋道原《景德傳燈錄・湖南長沙景岑號招賢大師》：「百丈（尺）竿頭不動人，雖然得入未為真。百丈（尺）竿頭須進步，十方世界是全身。」由此觀之，原指佛教修行所達到的極高境地，修養達到一定造詣之後，意即到了百丈竿頭不再前進，雖然得道也還不是最高境界。換言之，到了百丈竿子的最頂端，仍然是要繼續深造，十方世界才算是真正的高峰。此後，乃由此逐漸衍伸比喻不能滿足已有的成績，更要一次又一次的努力。

因此，「百尺竿頭，更進一步」明顯具有激勵人心的作用。總在人們怠忽本份或者自滿自是的時候，以一記警鐘的角色提醒人們——未來的路無限綿長，可努力的空間永無止境。是以，它往往是學無止境的同義詞，更是勉人謙遜以對的灌頂醍醐。

於是，我們往往在最了不起的人格面前，看到這樣不輕易自滿自誇的表現。他們總是認為自己最好的作品尚未真正出現，未來還有值得繼續努力的可能性。他們也總是在榮獲競賽冠冕時，以平靜面對喜悅之情，並將心思放在下一場競賽上；溢於言表的興奮之情不會停留過久。這便是得失融通、寵辱不驚的人格典範。

是以，「百尺竿頭，更進一步」往往亦蘊藏佛家哲理在內，一山還有一山高，修行的極致境地尚在十方世界裡。

（原載《人間福報》第十四版「終身學習專刊」，二〇〇八年五月十六日）

衣帶漸寬終不悔，為伊消得人憔悴

人總有一兩件值得花費終生去追求的物事，但凡擁有這類樣追求的人總有「衣帶漸寬終不悔，為伊消得人憔悴」的心情。這兩句經常為人們掛在嘴邊的名句，原出自宋代柳永的〈蝶戀花〉一詞。

「衣帶漸寬」四字所勾畫的圖景，是逐漸消瘦的身軀與逐漸寬鬆的衣裝，一切只為那人。所謂「伊人」，正是在水一方的佳人君子，其延伸意義可指向美好的理想或願景。由此讀之，詩句便有更深一層的涵義可供咀嚼。

於是，當我們願意為一己傾慕的理想而努力時，便已走向一條不悔的追求路。無論艱辛如何，不管險阻幾許，為了理想的達成，我們總能越過一關又一關，即使形貌憔損，在此不辭。然而這樣的上下求索，仍然令我們心嚮往之。此中奧妙，正因一己信念的堅持，因為知道自己要的是什麼。

是以，衣帶漸寬不僅無法銷磨我們的意志，亦難以撼動我們的步伐。能夠為一樁理想而消得人憔悴，人生難得幾回醉，倒也不失瀟灑。此中所呈現的痛快淋漓，亦著實令人神往。職是，清末民初大學者王國維《人間詞話》中的人生三境界，正是引用了「衣帶漸寬終不悔，為伊消得人憔悴」做為人生境界的象徵。

由此，柳永詞中的詩意擁有了更開闊的人生意義，並且指引我們一道明徑，一種對人生理想的堅持。

（原載《人間福報》第十四版「終身學習專刊」，二〇〇七年十一月三十日）

眾裡尋它

「眾裡尋他千百度，驀然回首，那人卻在燈火闌珊處。」典出辛棄疾〈青玉案〉一詞。在美妙的詞境裡，蘊含一股通透人生況味的智慧。

「眾裡尋它千百度」指向一種美好的認定與執念，尋尋覓覓，只為一親芳澤；然而，努力卻不見得一定能夠順利尋得，往往便在心意蕭索之際，驀然發現那人只在燈火闌珊處，得來全不費工夫。

其中「闌珊」，亦作「闌殘」，指的是蕭瑟、衰退之意；「燈火闌珊」自然便是形容燈光稀落、微暗的樣子。《儒林外史》第四十一回裡也有這樣的用法：「在杜少卿河房前，見那河裡燈火闌珊，笙歌漸歇，耳邊忽聽得玉簫一聲。」可見闌珊一詞亦指燈光稀微寥落之意。

是以，「燈火闌珊處」的那人，雖佇立在燈火微稀、氣氛寥落之處，卻更添特殊的韻味。原來，真正值得我們追求與珍惜的往往並非閃爍耀眼的那一瓢水，常常反是身邊或者背後暗影裡所癡癡守候的身影。正所謂「踏破鐵鞋無覓處，得來全不費工夫」。天上那顆寒星再美，也美不過地上這顆樸拙的石子；只是人們經常關注的是在水一方的亮麗伊人，往往忽略身邊最美最好的守護者。這是人們的盲點，也是許多可哀可嘆的故事的源頭。

眾裡尋它的故事太多，能體會那人卻在燈火闌珊處的人卻太少。人生種種遺憾，往往如此。

（原載《人間福報》第十四版「終身學習專刊」，二〇〇八年十月十日）

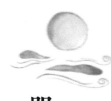

問渠哪得清如許，為有源頭活水來

讀書之佳妙處，往往如人飲水。但無論個人體會之冷暖如何，但開卷掩卷之間所領受的一股新鮮活動的生命之美，卻無二致。朱熹即在〈觀書有感〉中透露他的觀書心得：「問渠哪得清如許，為有源頭活水來。」源頭活水的挹注正是開卷之所以有益的奧妙之處。

是以，方塘之水雖無河溪之流動，但它清新依舊，了無死水之貌，正因為源頭活水之灌注使它如此，正如西諺「滾石不生苔」所展現的永恆生意。同樣地，經常開卷閱讀，便是為自己挹注活水源頭的一樁心靈功課。閱讀同時，大腦被不斷刺激著，心靈也一同隨之激盪不已。讀者總在發出「很感動」或「很好看」的心聲時，發現書寫者的心靈與我們一同感知著許多生命的奧祕。原來，活水源頭正來自這些書寫者偉大的心靈所照臨我們的智慧。因此，我們感知智慧如斯可貴，便更能覺受開卷之益。

因此，閱讀的最高境界，應該是一種「相見恨晚」的知遇，應該是一種「我見青山多嫵媚，料青山見我應如是」的契合。當展卷閱讀如照見深得我心之知音時，便是人生純美之境界了。於是，回味朱熹〈觀書有感〉終於能夠深深理解其中透顯的人生智慧，必需時常挹注活水源頭，保持鮮活流動的可能，方能清明照見天光雲影共徘徊之美。

（原載《人間福報》第十四版「終身學習專刊」，二〇〇七年十二月十四日）

好鳥枝頭亦朋友，落花水面皆文章

歷代文人論讀書之樂的文字不在少數，其中翁森〈四時讀書樂〉道盡四季讀書之趣味，令人低迴不已。

宋代文人翁森〈四時讀書樂〉如是讚歎春天讀書之樂：「山光照檻水繞廊，舞雩歸咏春風香。好鳥枝頭亦朋友，落花水面皆文章。蹉跎莫遣韶光老，人生唯有讀書好。讀書之樂樂何如，綠滿窗前草不除。」翁森筆下的讀書之樂充滿恬淡之美。其中以「好鳥枝頭亦朋友，落花水面皆文章」最為耳熟能詳。

讀書之餘，抬眼遠眺，見有枝頭好鳥、水面落花，此時心領神會，好不怡然自得。但見萬物靜觀皆自得，開卷之餘彷彿亦進行一場心靈之旅。因此說「人生唯有讀書好」，所閱之書不僅是紙面文章，同時也是心之書。因此，即使「綠滿窗前草不除」也不覺蕪亂，反為美事。

是以，讀書之樂何如？沈從文在他的散文〈我讀一本小書，同時又讀一本大書〉中呈現他獨特的人生閱歷。自小愛逃學的他，在教室之外的市街上閱讀人生這部大書；其後輾轉流徙的軍旅生涯，更讓他大開眼界，人生之書充分在他眼前展讀著。成年後他以自學方式所成就的文學成績，尤其是散文所展現的風格大多為一派恬淡自適的悠然情趣，對於平凡而邊緣的人事物皆有他獨到的靜觀與寬容。其後得意弟子汪曾祺的文學風格也承襲了這樣一派雍容自得的氣度。

因此，讀書之樂樂何如，正在於萬物靜觀皆自得的意趣。無論好鳥枝頭、落花水面皆為大塊文章。

（原載《人間福報》第十四版「終身學習專刊」，二〇〇八年二月二十二日）

舉重若輕

舉重若輕，重與輕彷彿不相干的兩極。其實，這成語指的是舉起沉重的東西，卻好像提著很輕的東西似的。大多比喻為雖身負重任或面對難題，但因才力高超，所以應付起來仍輕鬆自若的樣子。

例如清代趙翼《甌北詩話》卷五論及蘇東坡詩時，便曾經說道：「其絕人處，在乎議論英爽、筆鋒精銳、舉重若輕，讀之似不甚用力，而力已透十分。」趙翼此語一針見血的說出東坡詩的精要之祕。

所謂「舉重若輕」的表現便在於「讀之似不甚用力，而力已透十分」的奧妙當中。它必需是功力深厚至極後才能轉化得出的境地，亦即東坡曾說過的「繁華落盡見真淳」之意。惟其人生境界至此，乃能懂得處事待人的真義——重重提起之事，多能輕輕放下。

很好的例子是，做為一名創作者，無論以文字書寫、畫筆彩繪或影像記錄，皆以其藝術作品與讀者／觀眾進行交流。然而，事實是許多才華可觀、文采深具的創作者，往往急於表現自我，總是「用力」的表達理念，因此作品固然精妙，但也因其太過「用力」而與讀者／觀眾絕緣了。唯有「不甚用力」的創作態度，方能創造行雲流水之作，此舉正似「舉重若輕」的道理，深刻而嚴肅的理念，輕鬆而淡然的展現。看似不夠有力，卻已力透紙背、震憾人心。

是以，惟其能夠舉重若輕，乃能真知人生的奧祕。

（原載《人間福報》第十四版「終身學習專刊」，二〇〇八年十一月七日）

卷五

莫逆於心——知己與君子

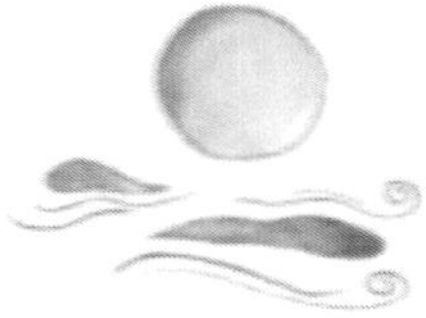

華枝春滿，天心月圓

弘一法師病危前曾手書一偈：「君子之交，其淡如水。執象而求，咫尺千里。問余何適，廓爾忘言。華枝春滿，天心月圓。」弘一此詩似乎暗示自己即將不久人世，但詩中所傳達的高曠寧靜，仍值得後人一覽。特別是「華枝春滿，天心月圓」的境界，引人低迴。

對於出家半生的弘一法師而言，君子之間的交往正如水清淡，不黏不膩。如執象而求，只看到事物的表象，便以為掌握了真實或正覺正悟，實際上卻天差地遠。若問我將到哪裡去安身呢，前路廣闊迢遙，四周空曠無際，這樣的覺受真真切切，無需言語。但見春滿花開，皓月當空，一片寧靜安詳，那裡就是我的歸處啊。大慈大悲大智慧的弘一法師的臨終關懷——由（將）死者關懷生者——傳達出至為深切的感動。

弘一法師在俗時的學生豐子愷曾說道，弘一法師不是「走投無路，遁入空門」的，是為了追求人生的「根本問題」而出家的。人的生活分為三層：一是物質生活，即衣食；二是精神生活，即藝術；三是靈魂生活，即宗教。弘一法師不滿足於僅生活於第一、二層裡，便不斷攀援，終於做了真正的出家人。所謂根本問題，即指第三層靈魂生活。因此，臨終前的大師無所企求，心意寬闊，了無遺憾。

展讀弘一大師的「華枝春滿，天心月圓」詩句，令人溫暖、也使人無限低迴。人生在世，若果真如春滿花開般美好，便無欠缺。

（原載《人間福報》第十四版「終身學習專刊」，二〇〇八年十二月二十六日）

君子之交，其淡如水

君子之交，其淡如水。這是經典裡重要的人生智慧，它指向君子的交往中最關鍵的問題——淡而有味，餘韻悠長的一面。

《莊子・山木》如此說道：「君子之交淡若水，小人之交甘若醴。」說明君子與人交接，重要的是「淡若水」，而非「甘若醴」。如水之淡，則可以久長；如醴之濃醇，則易醉易醒。淡如水的君子之交，雙方無欲無求，了無牽掛；濃如酒的小人之交，正是俗語所謂酒肉朋友，吃香喝辣有之，真正困頓時無一可靠。因此，對照之下，淡如水的君子之交，看似無味，其實久長；反之。其後《莊子》此語乃逐漸衍化為「君子之交淡如水」。

是以，淡如水的審美理想，正是先人古老的智慧結晶，也與一貫崇尚中庸、謙下的儒道思想有關。曖曖內含光的君子之交，倚賴的是莫逆於心的契約，深信兩心映照的默契大於言語的效用。因此，君子之交，往往無需形影不離，沒有過度的期待與要求，不會加諸束縛與勉強。特別是相較於小人的甜蜜蜜，更彰顯君子之交的情味深長。

其後，宋朝辛棄疾〈洞仙歌・丁卯八月病中作〉也曾引用：「味甘終易壞，歲晚還知，君子之交淡如水。」可知其體會之深。君子之交雖不甜美，但終能長久。這也正是《老子》所言「上善若水」的道理。

（原載《人間福報》第十四版「終身學習專刊」，二〇〇八年四月二十五日）

得意忘言

「得意忘言」，何等美好的境界，它指的是不拘泥於文字言辭，能得其意，則忘其言。「忘」者，失也。心意一旦流通，語言便無大用、直如糟粕。

此語典出《莊子・外物》：「言者所以在意，得意而忘言。」使用語言為的是表情達意，然而心意一旦相通，語言便屬多餘。所以只要彼此有默契，便可心照不宣。李伯元《文明小史》第二回也說道：「府縣心裡還當他們話到投機，得意忘言。」可見，得意忘言正是默契的展現。

是以，法國知名文學《小王子》裡，狐狸曾向小王子說過，語言是誤解的來源。狐狸要小王子花點時間和他一同培養默契，但只需面對面，無需言語。無語的狀態並非無言以對，而是無須語言做為心意溝通的橋樑。

禪宗六祖惠能原為不識幾個大字的伙房，無意中成為五祖的傳人，他之所以成功，不在通曉高深的義理經論，恰恰正在於他的「不識字」。正因如此，當所有人正汲汲於權位時，惠能這位伙房卻誤打誤撞的成為傳人。此後，更以「不立文字」做為傳心之法，意圖去除過多的語言，直以公案做為教義。而大部分公案並無確切的對應或解答，大多以顧左右而言他的直觀，給予當頭棒喝。因此，無論幡動、風動或心動，語言在此皆屬糟粕。

因此，相視而笑、莫逆於心，正是兩心映照的最美好境界。

（原載《人間福報》第十四版「終身學習專刊」，二〇〇八年二月十五日）

投我以桃，報之以李

人生在世，不免與人交接。每一個體雖獨立其生命，但無法孤絕於人我之外。總是彼此依存，相互成就。於是，每一人事之完滿，總需感恩。有你有我，人間華枝春滿。

於是，投我以桃，報之以李。有人贈我以鮮桃，我則報之以脆李。有人投我以善心，我則報之以美意。有人對我以深情，我則待之以厚愛。總在迴環往復時，心意流動、人我圓滿。

是以，深深著迷於「投我以桃，報之以李」的溫潤。它出自遠古的《詩經》，繫於《大雅・抑》篇。「投」者，投贈也。後世引用時，多精簡為「投桃報李」四字，意指禮尚往來。

然而，《國風・衛風・木瓜》篇另有一詩：「投我以木瓜，報之以瓊琚。匪報也，永以為好也。投我以木桃，報之以瓊瑤。匪報也，永以為好也。投我以木李，報之以瓊玖。匪報也，永以為好也。」它所訴說的恰是男女相互贈答之情意。「匪」者，非也。瓊、琚、瑤、玖，皆指美玉。詩中的情意是這樣的，你贈我以木瓜、木桃乃至木李，我則以美玉回報你。美玉不止是回禮，也是為求永久相好之意啊。

原來，情愛中的投桃報李，往往不止禮尚往來而已。贈禮之人有所表白；回禮之人明白對方的情意，願意給予更加深情的回應。於是，投桃報李在此涵納的情意是輾轉而深沉的，那是兩心相契、永以為好的鄭重交付啊。

職是，投我以桃，報之以李；人我圓滿，情愛圓融。

（原載《人間福報》第十四版「終身學習專刊」，二〇〇八年二月十五日）

君子成人之美

君子小人之別，是《論語》經常討論的課題，多以二元對照的姿態閃現智慧光芒。

《論語・顏淵》說道：「君子成人之美，不成人之惡；小人反是。」其實，《春秋穀梁・隱公元年傳》亦如是說道：「春秋成人之美，不成人之惡。」孔子認為君子多助人成就好事，不助人成就壞事。而小人恰與君子相反。

是以，在日常生活的人際交往中，君子總看到別人的好處，並竭力成全好事。他們經常在分別面對兩人時，向雙方說明各自的好處而不願搬弄是非，以「成人之美」為前提。而小人總是見人好處便嫉妒作祟，唯恐天下不亂，甚至挑唆雙方為敵，以致「成人之惡」。這便是君子與小人最大的分別。在孔子看來，君子常正面思考，博愛而不偏私，常與人和諧相處；而小人總是偏私而不博愛，不能和諧相與。

進一步來說，懂得成人之美的君子，常在嫉妒的當下，照見自己的褊狹，立時選擇放下自我的拘執，以退藏之姿成全他人。這是智慧與勇氣的呈露，只在深邃的心靈中閃現其光芒。可以想見，愈能退讓謙下，愈見其胸懷之廣大。而君子總能在最幽微晦暗之際，演示人性之美。

愈能退藏，愈見人格之寬廣。君子正是以成人之美，完成自我全幅生命的深度與廣度的智者。

（原載《人間福報》第十四版「終身學習專刊」，二〇〇七年九月七日）

世事洞明皆學問，人情練達即文章

「世事洞明皆學問，人情練達即文章。」出自曹雪芹《紅樓夢》第五回的名句。簡單的十四個字，蘊藏著一部深厚的人生大書。

世事洞明裡自有學問，人情練達中亦大有文章。世事與人情正是人生無所逃於天地之間的要務，只有行走其間並真實感受冷暖，方有一番體會。這體會多半來自於人間世裡無可理喻、無以名狀的挫傷，它往往使你不得任性孤行、不得不向時勢低頭。俯首甘願的當下，便得以謙卑而自牧，於是自我縮小了，小到得以鑽進任何人們的眼裡、心裡，並且舒適自在，那麼所謂學問所謂文章便自然存在了。

於是，當我們懂得縮小自己、並得以鑽進別人的眼裡心裡時，大致而言，已成功邁向世事洞明與人情練達的階梯之前了。此外，它還需要沉潛的功夫，以克己、制己。訓練並馴服自己的情緒，同時學著照顧別人的感受，時刻設身處地，以別人的利益為優先，這就是世事洞明、人情練達的真正內涵。

然而，克己看似容易，其實最難對付的人正是——自己。人們永遠有立場上的盲點，恆常以自己的想法觀看他人，於是真正的溝通往往既容易又困難。容易的是，心靈相通只需意會不必言傳，如此簡單。困難的也正是在此，以為彼此心意相通，無須言傳，便忽略了設身處地的藝術，往往引發諸多無謂的紛爭。殊不知，只需轉個身，即可迴旋出極大的空間，容納彼此；但人們往往被自己的視野矇蔽了轉身的可能性。

是以，世事洞明即學問、人情練達即文章，其功夫如一，便是馴服自己、縮小自我——為了鑽進他人的眼裡、心裡，以致舒適而熨貼。

（原載《人間福報》第十四版「終身學習專刊」，二〇〇七年九月七日）

拈花微笑・心心相印

拈花微笑，心心相印。兩者皆指無須言傳、心神相契的融通境界。

拈花微笑，源自佛祖釋迦牟尼在靈山會上說法一事。《五燈會元・釋迦牟尼佛》的故事如是說道：佛祖手持鮮花示眾，眾人卻面無表情、不解禪意，只有維摩訶迦葉面露笑容，佛祖遂將心法傳於迦葉。後人乃以「拈花微笑」比喻以心傳心參悟禪理之意；亦可喻為會心一笑、兩心相契之意。如小說《鏡花緣》第一百回：「自家做來做去，原覺得口吻生花，他人看了又看，也必定拈花微笑；是亦緣也。」便是引伸為心心相映之意。

是以，心心相印與拈花微笑，都指向「默契」一義。心心相印亦源自佛典故事。黃檗山斷際禪師《傳心法要》說道：「自如來付法，迦葉以來，以心印心，心心不異。」說的便是禪宗修行者師徒之間不須經由語言文字的傳達，即能相互契合、了悟禪理。後人乃引喻為兩心相契之意。如《兒女英雄傳》第二十六回：「如今聽了張金鳳這話，正如水月鏡花，心心相印，玉匙金鎖，息息相通。」，《官場現形記》第五十九回也有：「撫臺看了，彼此心心相印，斷無駁回之理。」俱以心心相印說明默契之意。

由此可見，拈花微笑、心心相印正是修行養身的最高境界。最高明的契合，往往無需言傳、不立文字，在兩心相觸的剎那，即可電光石火、會心一笑，千言萬語盡在不言中，美感頓生。

是以，最好的溝通，不在言語，而是默契。

（原載《人間福報》第十四版「終身學習專刊」，二〇〇八年六月二十日）

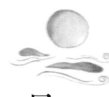

因為懂得，所以慈悲

「因為懂得，所以慈悲」是張愛玲的名言。與胡蘭成的愛戀是她一生最深切的痛，所以有此言。

胡蘭成的一生是千帆過盡無盡處，一站換過一站，總有女子相依。張愛玲千里尋訪、承諾未果之餘，終至修書以示恩愛斷絕。但她仍舊重情有義，不時接濟天涯逃亡的胡蘭成。然而她的姿態是決然肅然的，不攙更多的雜質，只是「因為懂得，所以慈悲」如此簡單。

如此簡單的八字箴言，卻是多少艱辛磨折之後的洞澈清明啊。因為懂得愛戀的美好是當下的感動，一旦情緣已逝，便無需苦苦挽留之。過份與刻意的留戀，反倒使得已然褪色的愛戀更加殘損，乃至面目全非，豈非人所願見？是以，明瞭愛憎怨悔皆為一時之塵染，僅僅暫時附著於這顆易變動的「心」上而已。既明知心會變動，那麼企圖建築在心上的所有情緒便顯得無比虛妄了。因此，懂得緣來緣去的理路、成住壞空的循環，便能慈悲面對人世與人情。

是以，慈悲心一起，千千萬萬種執著纏縛、愛戀憎悔，便如碎片化入虛空，終至消融無形。因此，慈悲具有宗教般昇華人心的作用，它使我們面對殺伐騰騰的愛戀難題時，能夠頓時啟悟——放下屠刀，即可立地成佛。因為懂得，所以慈悲，正是莽莽蒼蒼人世裡頂好的一味良藥。

（原載《人間福報》第十四版「終身學習專刊」，二〇〇八年三月二十八日）

卷六

飛鴻雪泥——生涯與境界

一飲一啄，莫非前定

「一飲一啄，莫非前定」，原有安分守己之意；後多用以說明事情成敗全靠命運，許多際遇都是命中注定的，不可強求。

「一飲一啄」原指鳥類適情於天地自然間，隨心飲食的逍遙自在。如《莊子‧養生主》：「澤雉十步一啄，百步一飲，不蘄畜乎樊中。」與唐代高郢〈沙洲獨鳥賦〉「一飲一啄，莫非前定」皆是。

其後，「一飲一啄，莫非前定」多用以說明人生際遇需倚賴緣份，人事之聚合離散泰半皆「天註定」。因此，《醒世恆言》中〈盧太學詩酒傲王侯〉便說道：「自古道：一飲一啄，莫非前定。像汪知縣是個父母官，肯屈己去見個士人，豈不是件異事？誰知兩下機緣未到，臨期定然生出事故，不能相會。」《初刻拍案驚奇》也有類似的用法：「一飲一啄，莫非前定；一時戲語，終身話柄。」由此可見，人生遇合之關鍵還在「機緣」或「緣份」上頭。

是以，人生際遇顯然具有許多偶然性。無論主客觀條件如何成熟穩妥，仍需微妙的機緣湊合，乃能成就大事。再看看歷史上許多重要的大事件大人物，其成功固然有賴個人才能與努力，但背後的偶然性因素——機緣，亦不容抹滅。此一無可強求的部分，正說明「莫非前定」的關鍵意義。

因此，人生固然需要努力，以待機緣到來。但機緣終究無可強求，若干事物往往具有「天註定」的本質。是以，人生終究難免遺憾。

（原載《人間福報》第十四版「終身學習專刊」，二〇〇八年十二月十二日）

對酒當歌，人生幾何

「對酒當歌，人生幾何？譬如朝露，去日苦多。」，曹操〈短歌行〉如是說道。人生如朝露，即生即滅，何其美好卻又如此短暫。

身為一代梟雄的曹操，何其瀟落威風，但面對人生仍有慨嘆。這是宴飲談笑中面對嘉賓時所發出的心聲；英雄用人，仍須廣招天下能士。三國魏晉人士大多習於以美酒一澆胸中之塊壘，特別是這樣一個招納賢才的場合中，必不可缺此尤物。因此，曹操首先發出「對酒當歌，人生幾何？」的慨嘆，原來人生乃「譬如朝露，去日苦多」。前二句何其灑脫，後二句何其洞明。灑脫是因為對酒當歌的慷慨激越，洞明是因為世事練達的通透澄明。

於是，我們得以透過一代梟雄如曹操者，照見一個時代裡最幽微的人生體悟。

原來，正如佛經所言，人生如夢幻泡影，如露亦如電啊。人生之美好如朝露，人生之短暫亦復如是。極美好的事物，總是極短暫而不可靠。由是，色相亦常令人迷惑，其空幻亦令人傷懷。以是，極美觀者往往極亦令人眩惑而忘失所以。

因此，可以想見對酒當歌的曹操，如何既慷慨激越又悵然若有所得（抑或所失？），既是對人生的洞明，更是一種超越。

（原載《人間福報》第十四版「終身學習專刊」，二〇〇七年十月二十六日）

縱浪大化中，不喜亦不懼

「縱浪大化中，不喜亦不懼」是對生命的了然。因為懂得，所以寬容以對。

典出陶淵明〈神釋〉：「縱浪大化中，不喜亦不懼。應盡便須盡，無復獨多慮」大化指的是宇宙天地的自然變化，亦即生死禍福。知其自然來去，便無須喜樂，不應憂懼。成敗得失、毀譽榮辱，皆來有時去有時，即使努力應對亦不盡人意，因此便無須再多慮多憂。看似無為，其實便是陶淵明積極面對的人生觀。

處世的智慧中，最要緊的往往便是盡人事、聽天命吧。盡責之餘，往往還有太多不屬於自己能操控的部分，比如毀譽。或因為立場，或因為利益，總有許多莫其所以的指教，令你不知所措、憂疑驚懼。有智慧者，莫不練就一身不沾鍋的本事

——不喜亦不懼，外力於我何有哉？於是微笑以對，面無異色，足令雜言流語自動消音。是以，萬事難以盡如人意，即令戮力為之，亦難以面面俱到、處處討好。因此，我們需要的往往不是怨天尤人，而是不喜亦不懼的智慧與無復獨多慮的心胸。惟其如此，所以懂得應盡便須盡，所以知道寬容以對。

職是，縱浪大化中，在人生的浪潮裡，人們總有機會被打至浪頭上，更有可能被沖刷至沙灘或沉落深淵，許多不明所以然的意外，逼使人們練就一副金剛不壞之身，以應外侮。是以，知道大化的平常，便不喜、不懼，亦無須再有更多憂慮。此即人生洞見。

（原載《人間福報》第十四版「終身學習專刊」，二〇〇八年一月二十五日）

曾經滄海難為水

曾經滄海之情，人皆有之。

「曾經滄海難為水，除去巫山不是雲」典出唐代元稹〈離思〉五首之四：「曾經滄海難為水，除卻巫山不是雲。取次花叢懶迴顧，半緣修道半緣君。」其意指陳的是，經歷過滄海（大海）之人，一般的山水難以吸引他的注目；若與燦爛絕倫的巫山之雲相比，別處的雲彩率皆相形失色。詩以滄海之水與巫山之雲隱喻愛情之深廣篤厚，饒有興味。見過大海、看過高山，別處的山水雲彩便難以入我青眼；除鍾愛之女子，再也沒有能使我動情的了。

其實，元稹這兩句美麗的詩亦為用典。前句「曾經滄海難為水」典出《孟子．盡心上》：「觀於海者難為水」；後句「除去巫山不是雲」則典出宋玉〈高唐賦．

序〉：「姜在巫山之陽，高丘之陰，旦為朝雲，暮為行雨。」其後引用這兩句詩，也簡寫為「曾經滄海」，以喻對愛情之忠誠，非君／伊莫屬之意。同時也引伸為曾經親歷過大場面，眼界較為開闊，不著意於太過平常事物之意。

此詩據傳是元稹對亡妻韋蕙叢的深情告白（元稹也寫過〈遣悲懷〉），後人也揣測是寫給當年發達前私定終身的鶯鶯（元稹有〈鶯鶯傳〉）。但「取次花叢懶回顧，半緣修道半緣君」說明當時元稹處於韋蕙叢身故之際，他只專心於修道；除此「花叢」外，其他再美豔的風景也都毫無意義。

儘管曾經滄海，但已見過大山大水之壯闊雄渾，人生至此，亦足矣。

（原載《人間福報》第十四版「終身學習專刊」，二〇〇八年十二月五日）

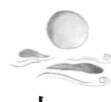

人生到處知何似，應似飛鴻踏雪泥

「人生到處知何似，應似飛鴻踏雪泥」為我們提示許多人生的道理。一般多以「飛鴻雪泥」四字記憶著東坡這首名詩。

蘇軾（子瞻）與蘇轍（子由）兩兄弟，一生情感融洽。年輕時的他們，在旅途中各自奔波，仍不時思念對方，乃頻頻以詩句互贈。〈和子由澠池懷舊〉正是身為兄長的東坡寫給弟弟的思念之情，並藉以抒發人生感懷：「人生到處知何似，應似飛鴻踏雪泥。泥上偶然留指爪，鴻飛那復計東西。」詩中扣問「人生到處知何似」，東坡如是自問；但也如是自答，「應似飛鴻踏雪泥」吧。凡走過必留下痕跡，彷若飛翔的大鴻鳥踩踏於雪泥一般。然而，「泥上偶然留指爪，鴻飛那復計東西」卻又翻上一層，泥上雖偶然留下了指爪印，但鴻鳥一旦飛離，哪裡還能計較它要飛到何處？更不要說是偶然留下的雪泥之爪了。

東坡詩中的飄然與灑脫，正是他面對困窘的一種生活態度。東坡的詩作與人生在極大的困頓與絕大的自在之間，總能找到美好的平衡。那是一種對人生的通透體悟，是一種對自我的敏銳覺知。尤其是對平淡之美的認知與了悟，所謂「平淡中見真淳」的義蘊，再沒人比東坡更熟習的了。

是以，人生到處應似飛鴻踏雪泥，日後再訪，不一定尋得了它的蹤跡。然而，痕跡再深刻，仍得消失。無須掛礙、無所怨嘆，正是東坡要教我們的。

（原載《人間福報》第十四版「終身學習專刊」，二〇〇七年十一月十六日）

不識廬山真面目，只緣身在此山中

「不識廬山真面目，只緣身在此山中。」一般人的見識多半有所侷限，身在其中往往當局者迷，唯有跳脫當下的處境，才能真正看清問題的癥結所在。

一千年前，東坡偶然行遊至廬山西林壁，有感於山勢之奇美而寫下〈題西林壁〉詩：「橫看成嶺側成峰，遠近高低各不同。不識廬山真面目，只緣身在此山中。」此詩傳誦久遠，後人多引用後兩句，亦有摘錄其中「不識廬山真面目」與「只緣身在此山中」兩句分別使用的。東坡偶然間吟詠的一首行旅詩歌，簡單易曉的呈露西林壁的峰嶺之姿，卻也饒富人生理趣，竟爾流傳久遠，至今不輟。

是以，人生行路往往時而走入死胡同中，疑是前無出路，為此惶惶不安。然而，人生正如西林壁千百峰嶺，橫看成嶺側成峰，遠近高低各不同呢。要是能夠轉換觀賞的視角，總會在窒礙難行的山窮水盡處，發現另一種婉轉的美。更甚者，若能跳脫原先固著的位置，拋開我執，拉開一段適當的距離卻顧所來徑，則立時海闊天空。因此，不識廬山真面目往往只因身在此山之中，而無法窺得原貌。

職是，面對奇峰突起的人生，我們所需要的往往是洞識的能力與豁達的工夫，方能識得真正的人生況味，而不致迷失。

（原載《人間福報》第十四版「終身學習專刊」，二〇〇七年十一月九日）

也無風雨也無晴

人生在世，難免風波，總得經歷一番寒暖，才知世態點滴的滋味，蘇軾〈定風波〉如是面對人生：「回首向來蕭瑟處，歸去，也無風雨也無晴。」一派瀟落的丰姿。

東坡瀟灑的身影，是後人極為熟悉的形象。然而他的超脫來自於艱難的人生、困躓的際遇，絕不來自天生的好運命。是以，行走於風雨人生路上，一路巔躓，迭遭險阻，只是令他愈挫愈勇，更堅韌其生命的厚度。因此行過穿林打葉的驟雨樹林後，一路前行，不但未見狼狽之態，反而意態瀟然，昂首於馬上，更顯悠然。而回首來時之蕭瑟處，這一程歸去之途，既無風雨亦無晴，何等灑落。

「也無風雨也無晴」述說的正是一種境界。自然現象中，風雨與晴空大多有時序先後之別，既無風雨必然晴空，反之亦然。然而，人生事態多半難以遽然界定其風雨陰晴，晦暗難明的狀態往往居多，困窘著無數極欲自由的心靈。常人多半憂懼於風雨如晦，喜樂於晴天歷歷，憂樂往往來自他者給予，而非發自內心。是以，東坡心靈之超越正在於此，所謂「也無風雨也無晴」正是一種中心喜樂的自然，不受制於外在風雨的自覺。

是以，自信的覺受自我生命的美好，必然煥發光彩，毋須仰賴他者的認可與給予，管它風雨如晦抑或朗朗晴天，皆無所掛礙。

（原載《人間福報》第十四版「終身學習專刊」，二〇〇七年十一月二十三日）

醉翁之意不在酒，在乎山水之間也

「醉翁之意不在酒」乃人人口耳相熟的名句，多取其「意在言外」之意，以指涉「言在此意在彼」之意。其實，典出歐陽修〈醉翁亭記〉的「醉翁之意不在酒」，連結的下句是「在乎山水之間也」如此連讀，其意境乃向上翻了一層，值得玩味。

自號「醉翁」，可見歐陽修的愛酒愛人生，所謂醉翁亭者，自是歐陽修的傑作之一。為紀念此亭之修築，歐陽修不免藉此撰文以抒發情志。他的人生自然飛騰過，然而現時也只能流落江湖，藉山水自然聊以舒懷罷了。像這樣既得志則濟天下、不得志則善其身的退藏之姿，也是自自然然的一條中國文人的共同際遇，歐陽修亦為其中一員。

宋時即已名滿天下的歐陽修，既因緣來此，則安然做他的醉翁呢！且看他的安適與自在，所以有了「醉翁之意不在酒，在乎山水之間也」的佳句。醉翁之醉似非飲酒之醉，而是沉醉之醉。沉醉，來自生命最內在的情感，致使他不由得流連忘返，恣意享受美好的山水佳景，這正是「在乎山水之間也」的真義。因此，他深深沉醉於山水之美，進而理解真正的大化運行乃純乎自然，並且直探生命最底層。

是以，醉翁沉醉的真意在於山水，每個人不也正如醉翁一般，總也有必須沉醉於什麼的時候呢。

（原載《人間福報》第十四版「終身學習專刊」，二〇〇七年十二月七日）

釀文學98　PG0785

天心月圓
——從中國經典名句看人生

作　　者　羅秀美
圖片提供　羅秀美
責任編輯　黃姣潔
圖文排版　郭雅雯
封面設計　蔡瑋中

出版策劃　釀出版
製作發行　秀威資訊科技股份有限公司
114 台北市內湖區瑞光路76巷65號1樓
電話：+886-2-2796-3638　傳真：+886-2-2796-1377
服務信箱：service@showwe.com.tw
http://www.showwe.com.tw
郵政劃撥　19563868　戶名：秀威資訊科技股份有限公司
展售門市　國家書店【松江門市】
104 台北市中山區松江路209號1樓
電話：+886-2-2518-0207　傳真：+886-2-2518-0778
網路訂購　秀威網路書店：http://www.bodbooks.com.tw
國家網路書店：http://www.govbooks.com.tw
法律顧問　毛國樑　律師
總 經 銷　聯合發行股份有限公司
231新北市新店區寶橋路235巷6弄6號4F
電話：+886-2-2917-8022　傳真：+886-2-2915-6275

出版日期　2012年7月　BOD一版
定　　價　210元

國家圖書館出版品預行編目

天心月圓：從中國經典名句看人生 / 羅秀美著. -- 一版. --
臺北市：釀出版, 2012.07
面； 公分. --（釀文學；PG0785）
BOD版
ISBN 978-986-5976-46-0（平裝）

1. 修身 2. 生活指導

192.1 101010880

讀者回函卡

感謝您購買本書，為提升服務品質，請填妥以下資料，將讀者回函卡直接寄回或傳真本公司，收到您的寶貴意見後，我們會收藏記錄及檢討，謝謝！

如您需要了解本公司最新出版書目、購書優惠或企劃活動，歡迎您上網查詢或下載相關資料：http:// www.showwe.com.tw

您購買的書名：________________________________

出生日期：________年________月________日

學歷：□高中（含）以下　□大專　□研究所（含）以上

職業：□製造業　□金融業　□資訊業　□軍警　□傳播業　□自由業
　　　□服務業　□公務員　□教職　□學生　□家管　□其它____

購書地點：□網路書店　□實體書店　□書展　□郵購　□贈閱　□其他

您從何得知本書的消息？

□網路書店　□實體書店　□網路搜尋　□電子報　□書訊　□雜誌
□傳播媒體　□親友推薦　□網站推薦　□部落格　□其他________

您對本書的評價：（請填代號　1.非常滿意　2.滿意　3.尚可　4.再改進）

封面設計____　版面編排____　內容____　文／譯筆____　價格____

讀完書後您覺得：

□很有收穫　□有收穫　□收穫不多　□沒收穫

對我們的建議：________________________________

____

____

____

請貼
郵票

11466
台北市內湖區瑞光路 76 巷 65 號 1 樓
秀威資訊科技股份有限公司 收
BOD 數位出版事業部

....
（請沿線對折寄回，謝謝！）

姓　　名：＿＿＿＿＿＿＿＿　年齡：＿＿＿＿　性別：□女　□男

郵遞區號：□□□□□

地　　址：＿＿＿＿＿＿＿＿＿＿＿＿＿＿＿＿＿＿＿＿

聯絡電話：(日)＿＿＿＿＿＿＿＿＿＿(夜)＿＿＿＿＿＿＿＿＿＿

E-mail：＿＿＿＿＿＿＿＿＿＿＿＿＿＿＿＿＿＿＿＿